Este libro no solamente te ayuda a conectarte de una manera más íntima con Dios, sino que te deja ver a Dios como un padre a través de las parábolas. Stephen W. Hiemstra, en su libro, nos guía y nos ayuda a conocer más a nuestro Dios como Padre a través de las parábolas que están en este libro. La *Imagen de Dios en las Parábolas*, muestra la importancia de conocer a Dios como nuestro padre.

Sofia Martinez

Pódcast de vídeo[1]

Imagen de Dios en las Parábolas te presenta una perspectiva diferente de Dios que quizás no hayas considerado antes, un Dios íntimo que busca que tengas una relación de Creador con lo creado. Las preguntas al final de cada capítulo le ayudarán a pensar más profundamente sobre lo que ha leído. Pero las oraciones son la joya de la corona de cada reflexión. Profundas y personales, estas oraciones te ayudarán a alinear tu corazón con el corazón y la voluntad de Dios. Stephen Hiemstra realmente te lleva a un lugar especial con Dios a través de su nuevo libro.

Nohemi Zerbi

---

1 https://www.youtube.com/@sofiaisabellapiano.

En la *Imagen de Dios en las Parábolas*, Stephen Hiemstra nos enseña sobre la persona de Jesús, su enseñanza sobre el reino de Dios con las parábolas y la fundación de la iglesia en Pentecostés por el Espíritu Santo. En un mundo donde la humanidad busca constantemente entenderse a sí misma aparte de Dios, Stephen nos muestra que al descubrir quién es Dios en las Escrituras, descubrimos quiénes somos nosotros en Él. Nuestra verdadera identidad siempre estará determinada por la naturaleza divina de Dios y cómo Él nos creó. Al igual que otros libros de la serie de Stephen, este libro está escrito en un formato devocional con reflexión, oraciones y preguntas para estudiar. El libro profundizará su caminar espiritual con el Señor mientras Él continúa discipulándonos diariamente a través de Su palabra escrita y muchas de las experiencias de la vida. Recomiendo ampliamente este libro y todos los demás que Stephen ha escrito.

Eric Teitelman
House of David Ministries

Hiemstra cierra la brecha entre lo académico y lo personal y une la investigación experta y la observación práctica incisiva. Hay que reconocer que su libro funcionaría tan bien como texto para un estudio bíblico de la iglesia como para un grupo de estudio de primer año de seminario. Claro, bien investigado e innovador, Hiemstra ha producido un trabajo importante que investiga la característica definitoria de la humanidad—la Imagen de Dios.

Paul Lauerman

Pastor, Centreville Presbyterian Church

"Las parábolas de Jesús son como el agua ofrecida al viajero del desierto perdido, desanimado y al borde de la muerte." La *Imagen de Dios en las Parábolas* es un trago del Agua Viva para el buscador que anhela saciar su sed de Dios en el árido desierto del materialismo moderno. Dr. Hiemstra ofrece una visión de Dios Padre en las parábolas de Jesús. Explora profundamente la cultura y los idiomas del Antiguo y Nuevo Testamento y presenta diamantes de tesoros espirituales para aquellos de nosotros que anhelamos comprender más de las Escrituras.

Sharron Giambanco

Una de mis pasiones es estudiar las Escrituras a través de distintos lentes y temas. En consecuencia, me alegré cuando Stephen W. Hiemstra me pidió que revisara y respaldara su libro, la *Imagen de Dios en las Parábola*s. El título me intrigó y el libro es un regalo encantador.

Stephen ha estructurado un devocional que invita a la reflexión y que utiliza las parábolas para ver cinco aspectos diferentes de la imagen de Dios: misericordia, gracia, paciencia, amor y fe. Cada capítulo concluye con una oración y preguntas para la reflexión que solidifican el enfoque del capítulo. Ambos alientan al lector a asimilar el contenido de forma lenta e intencionada para absorber a fondo los puntos clave.

Mientras leía cada capítulo, frecuentemente decía ¡Guau! en voz alta mientras Esteban presentaba el carácter de Dios en una parábola de maneras nuevas y frescas. Disfruté especialmente los conocimientos lingüísticos que añaden profundidad y riqueza a sus ideas.

El libro concluye con algunas ideas excelentes sobre quién no es Dios. Stephen nos recuerda que: "Nunca podremos comprender plenamente a Dios, pero él nos invita a intentarlo. Cuando lo hacemos, las formas que nos llevan a él, como las parábolas y la adoración, ya no nos limitan. Simplemente nos lanzan a esta nueva dimensión disponible sólo a través de la fe." Stephen ha ofrecido precisamente esa nueva dimensión en este encantador libro.

Briane Pittman Kairns

Saber que estamos hechos a imagen de Dios es una fuente de consuelo y asombro, pero con demasiada frecuencia no nos sumergimos bajo la superficie de este hecho sorprendente. En *Imagen de Dios en las Parábolas*, Stephen Hiemstra descubre la imagen de Dios como Jesús enseñó en sus parábolas. Si está ansioso por ver la conexión entre nuestro carácter y el de Dios como Jesús nos muestra en sus enseñanzas sobre el reino de Dios, entonces este es el libro para usted.

Sarah Hamaker

Entrenador de Escritores

y autor de la serie *The Cold War Legacy*

Querer buscar a Dios de una manera más profunda nos ayuda a relacionarnos con Él de una manera más efectiva. Es precisamente lo que nos ofrece este gran libro. La posibilidad de encontrar a través de las parábolas una revelación mucho más profunda de la esencia de Jesucristo. Stephen W. Hiemstra nos ayuda a profundizar las verdades del Reino de nuestro amado Dios.

Julio Martinez

Pastor, Shadai Phoenix

Serie Imagen de Dios

Imagen de Dios en las Parábolas[1]

Image of the Holy Spirit and the Church

Image of God in the Person of Jesus

Serie Espiritualidad Cristiana

Una Guía Cristiana a la Espiritualidad[2]

Vida en Tensión[1]

Called Along the Way

Simple Faith

Living in Christ

Image and Illumination

Serie de Mascaradas[3]

Masquerade

The Detour

Christmas in Havana

Libros de Oraciones

Everyday Prayers for Everyday People

Oraciones[1]

Prayers of a Life in Tension

---

1 También disponible en inglés.
2 También disponible en inglés y alemán.
3 Estos libros han sido adaptados como guiones.

IMAGEN DE DIOS EN LAS PARÁBOLAS

Camino olivido en inviernes

IMAGEN DE DIOS EN LAS PARÁBOLAS

Stephen W. Hiemstra

T2Pneuma Publishers LLC
Centreville, Virginia

IMAGEN DE DIOS EN LAS PARÁBOLAS

Copyright © 2025 Stephen W. Hiemstra
ISNI: 0000-0000-2902-8171, Todos los derechos reservados.

Publicado en ingles en el 2023 bajo el título: Image of God in the Parables.

Todos los derechos reservados. Con la excepción de breves fragmentos utilizados en artículos y revisión crítica, ninguna parte de esta obra puede ser reproducida, transmitida o almacenada en cualquier forma, impresa o electrónica, sin el permiso previo y por escrito de los titulares.

T2Pneuma Publishers LLC
P.O. Box 230564, Centreville, Virginia 20120
www.T2Pneuma.com

ISBNs: Paperback: 978-1-942199-48-9
KDP: 978-1-942199-62-5
EPUB: 978-1-942199-56-4
LCCN: 2024924181

Todas las citas bíblicas, a menos que se indique lo contrario, se toman de la Nueva Biblia De Los Hispanos (NBH). ©2005 by The Lockman Foundation. Usadas con permiso.

Gracias a mi editora Nohemi Zerbi por sus comentarios y apoyo durante este proyecto.

Traducido al español y diseño de la cubierta por el autor.

Cover art by C. Hiemstra (2023), *The Lost Sheep*, Used with Permission.

CONTENIDO

PREFACIO……………………………………………vii

INTRODUCCIÓN

El Rostro de Dios………………………………………… 3
Discurso Indirecto……………………………………… 8
Las Parábolas Como Género……………………………… 13
Parábolas en un Contexto Posmoderno………………… 19

MISERICORDIA

El Buen Samaritano…………………………………… 27
El Siervo Implacable……………………………………34
La Higuera Estéril………………………………………40
El Publicano y el Fariseo………………………………46
Aplicando Misericordia………………………………… 52

GRACIA

El Tesoro Escondido……………………………………61
Oveja Perdida………………………………………… 66
Pecado como Enfermedad…………………………… 73
Gracia Contendiente……………………………………78
Aplicando la Gracia……………………………………84

PACIENCIA

Dos Constructores………………………………………91
Sembrador………………………………………………96
Los Talentos……………………………………………101
Diez Vírgenes………………………………………… 107
Aplicando la Paciencia………………………………… 113

AMOR

El Buen Samaritano Revisitado………………………… 123
Los Dos Hermanos………………………………………130
Amigo a Medianoche……………………………………136
Red de Arrastre………………………………………… 142
Aplicando Amor…………………………………………147

FE

La Roca..153
El Juez Calloso..159
El Fariseo y El Recaudador de Impuestos..................... 164
El Médico..169
Aplicando Fe.. 174

CONCLUSIONES

Quien Dios No Es... 181
Imagen de Dios.. 187

INDICES..195

REFERENCIAS.. 199

SOBRE EL AUTOR.. 205

PREFACIO

Entonces pasó el SEÑOR por delante de él y proclamó:
El SEÑOR, el SEÑOR, Dios compasivo y clemente,
lento para la ira y abundante en misericordia y verdad (fidelidad);
(Ex 34:6)

Nuestra imagen de Dios revela no sólo el carácter de Dios, sino también el nuestro. Las parábolas revelan a un Dios que está intencionalmente disponible para quienes lo buscan. Invitan al oyente a entrar en la narrativa e interactuar con Dios uno a uno para ampliar nuestra comprensión de la fe y de nosotros mismos.

La imagen de Dios en el Nuevo Testamento toma por lo minus tres formas: la persona de Jesús, la enseñanza de Jesús sobre el reino de Dios en las parábolas, y la fundación de la Iglesia en Pentecostés por el Espíritu Santo. Esta es una revelación trinitaria de Dios, no mediante una descripción analítica, sino a través de imágenes verbales. En este libro me concentraré en la imagen de Dios Padre que se encuentra en las parábolas.

La autenticidad de las parábolas como palabras del propio Jesús rara vez se cuestiona, en parte porque las parábolas de Jesús son únicas, un género en sí mismas, pero no un género típico. Un género típico puede adherirse a una estructura o forma de historia particular, pero no una parábola. Las parábolas se distinguen por invitar al oyente a participar de la historia y exigir una respuesta al llamado a la fe, muchas veces sin mencionar explícitamente a Dios.

Esta invitación a entrar la presencia de Dios es inesperada y contraria a nuestra experiencia. La narrativa es más que la suma de las partes, como un amanecer de Pascua que transforma todo lo demás. La frescura del evento nos sorprende, incluso nos provoca, al ver todo nuevo. Es como escalar una montaña para descubrir que vives en una isla, pero la buena noticia es que en el horizonte hay un mundo completamente nuevo accesible a través de la fe. Los viejos límites ya no aplican. La trascendencia de Dios funciona de esta manera y las parábolas de Jesús proporcionan un camino para experimentarla.

Circunloquios

Explícitas en algunas parábolas e implícitas en otras están las palabras: el reino de Dios es como… Debido a que el nombre del pacto de Dios, YHWH, es sagrado en el pensamiento judío, la Biblia utiliza numerosos circunloquios (referencias indirectas) para el nombre de Dios. El circunloquio más común es Señor, que en hebreo es Adoni.

El uso de circunloquios, discurso indirecto, como la poesía, es más común en sociedades represivas. Jesús comenzó a hablar en parábolas después de que los fariseos comenzaron a conspirar contra él (Mt 12–13).

Las referencias del Nuevo Testamento al reino de Dios (Marcos, Lucas) o al reino de los cielos (Mateo) son circunloquios para el nombre de Dios. Casi todas las parábolas de Jesús se refieren al reino de Dios, mientras que las parábolas rabínicas típicamente dilucidan un pasaje de las escrituras (Blomberg 2012, 77).

La Auto Revelación de Dios

Debido a que somos creados a imagen de Dios (Gn 1:27), es importante que comprendamos lo que implica la imagen de Dios. Después de la segunda entrega de los Diez Mandamientos, a Moisés se le da una descripción en Éxodo 34:6, citado anteriormente, de quién es Dios, que se repite a lo largo del Antiguo Testamento (por ejemplo, Sal 86:15, 103:8; Jl 2:13; y Jon 4:2).

Esta última referencia es interesante porque Jesús describió su misión con estas palabras: «Porque de la misma manera que Jonás vino a ser una señal para los Ninivitas, así también lo será el Hijo del Hombre para esta generación.» (Lc

11:30) Debido a que Jesús conocía la historia de Jonás, conocía claramente Éxodo 34:6, porque la razón de Jonás para huir de Nínive dependía de ello: «Por eso me anticipé a huir a Tarsis. Porque yo sabía que Tú eres un Dios clemente y compasivo, lento para la ira y rico en misericordia, y que Te arrepientes del mal anunciado.» (Jon 4:2) Jonás odiaba a los ninivitas y se negó a predicarles el perdón de Dios porque sabía que Dios los perdonaría si se arrepentían de sus pecados.

Nínive era la superpotencia de ese día, al igual que Washington, Moscú y Beijing lo son hoy, lo que sugiere que la historia de Jonás sigue siendo relevante. El carácter de Dios nos proporciona un modelo, tanto como individuos como comunidades.

La Autoridad de Jesús

¿Por qué Jesús es una autoridad en la imagen de Dios? La muerte de Cristo en la cruz y la resurrección acreditan su vínculo con Dios como autor de nuestra fe (1 Co 15:20-28; Hb 12:2). De hecho, debido a que el Nuevo Testamento fue escrito después de la muerte y resurrección de Cristo, cada oración en el Nuevo Testamento debiera leerse como si estuviera precedida por las palabras: Porque Cristo resucitó de entre los muertos, por tanto...

Por lo tanto, las parábolas de Jesús deben leerse como si fueran escritas por Dios mismo, algo digno de estudio adicional. Estas cinco características de Dios—misericordia, gracia, paciencia, amor, y fidelidad—proporcionan una clasificación poderosa para las parábolas de Jesús.

El Contexto de la Espiritualidad Cristiana

Una espiritualidad completa aborda cada una de las cuatro preguntas que normalmente se plantean en filosofía:

1. Metafísica: ¿Quién es Dios?
2. Antropología: ¿Quiénes somos?
3. Epistemología: ¿Cómo lo sabemos?
4. Ética: ¿Qué hacemos al respecto? (Kreeft 2007, 6)

Mis primeros dos libros—*Una Guía Cristiana a la Espiritualidad and Vida en Tensión*—abordaron la pregunta metafísica. Mi tercer libro, *Called Along the Way*, exploró la pregunta antropológica en primera persona. Mi cuarto libro, *Simple Faith*, examinó la pregunta epistemológica. Mi quinto libro, *Living in Christ*, se enfoco en la pregunta ética. Mi sexto libro, *Image and Illumination* regresó a la antropología cristiana de sde una perspectiva de comunidad.

Imagen de Dios en las Parábolas se basa en las lecciones aprendidas en Image and Illumination con un enfoque renovado en la metafísica. Está escrito en formato devocional con reflexión, oraciones, y preguntas para estudio. Para aquellos de ustedes que se lo hayan preguntado, considero que el formato devocional es una forma convincente de compartir mis propias meditaciones.

Soli Deo Gloria

∞

Dios de toda Misericordia,

Toda alabanza y honor, poder y dominio, verdad y justicia son tuyos debido a que nos creaste a tu imagen, varón y hembra, y nos redimiste mediante la vida, muerte y resurrección de Jesucristo.

Confesamos que no hay ley que no hayamos quebrantado en espíritu y en verdad, ni te hayamos amado con todos nuestros corazones y todas nuestras mentes, ni hayamos amado a nuestro prójimo.

Gracias por tu amor, tanto incondicional como condicional, amándonos mejor que nuestros propios padres y madres, a pesar de nuestra naturaleza rebelde y nuestra fe quebrantada.

Espíritu Santo, rompe toda cadena con la que Satanás nos ata, ya sea dolor traumático, tristezas impías, enfermedades abrasadoras o adicciones que aplastan el alma. Ven a nuestros corazones y límpianos de todos estos pecados, transgresiones e iniquidades para que podamos ser completos nuevamente. Danos corazones y mentes solo para ti, y amigos cristianos y una iglesia fiel para ayudarnos en el camino de la vida.

En el precioso nombre de Jesús, Amén.

∞

Preguntas
1. ¿Cuáles son las tres imágenes de Dios en el Nuevo Testamento?
2. ¿Cuáles son varios circunloquios para el nombre de Dios?
3. ¿Qué revelación le da Dios a Moisés?
4. ¿Qué tiene de interesante la historia de Jonás, además de la ballena?

INTRODUCCIÓN

El Rostro de Dios

*¿Qué hombre de ustedes,
si tiene cien ovejas y una de ellas se pierde,
no deja las noventa y nueve en el campo
y va tras la que está perdida hasta que la halla?*
(Lc 15:4)

La oveja perdida (1898), una pintura de Alfred Usher Soord (1868-1915), capturó el entusiasmo del gran movimiento misionero de finales del siglo XIX que siguió al llamado de Dwight Moody a: «La evangelización del mundo en esta generación.» (Longfield 1991, 18, 185) La pintura muestra a un pastor colgando de un acantilado para rescatar a una oveja perdida atrapada en una rama en peligro inminente de caer y morir o de ser devorada viva por un águila que da vueltas.

Esta pintura cuenta una historia y nos atrae. ¿Pero cuál es la historia? Aunque no podemos ver el rostro del pastor en el cuadro de Soord, inmediatamente intuimos que es un hombre honorable, digno de confianza y valiente, alguien devoto de su rebaño. Todavía, no sabemos su origen étnico, su religión o incluso su edad. Aun así, queremos emular a este pastor como modelo a seguir.

Para el creyente, este cuadro evoca la imagen de un Dios activista que corre grandes riesgos para rescatar a los pecadores de una muerte inminente. Conocemos esta imagen del pastor por el Salmo 23:1, que comienza: «El Señor es mi pastor; Nada me faltará.» El mismo Jesús invocó esta imagen en Juan 10:14: «Yo soy el buen pastor, y conozco Mis ovejas y ellas Me conocen.» Esta imagen es aguda porque tenemos más experiencia con malos pastores que con buenos (Ez 34).

Profundizando en Juan 10, la historia que Jesús contó puede no ser la que se escuchó. Jesús sana a un ciego durante la fiesta de los Tabernáculos (Jn 7:1), mientras que la discusión del pastor tiene lugar durante la fiesta de la Dedicación (Jn 10:22), que al igual que Hanukkah conmemora la nueva dedicación del templo por Judas Macabeos en 165 a.C. Los Macabeos encabezaron una rebelión contra la helenización de Israel y la profanación del templo por parte de Antíoco Epifanías, ¡un muy mal pastor! Si bien hoy en día Juan 10 generalmente se lee junto con el Salmo 23 (buenos pastores), el contexto sugiere que Ezequiel 34 (malos pastores) es el texto de sermón más adecuado.

Para los incrédulos, los malos pastores como Antíoco Epifanías serían una experiencia más común que los buenos pastores y claramente no estarían colgados de acantilados en busca de ovejas perdidas. Al prepararse para pintar, Soord leyó claramente Ezequiel 34:5–6: «¡Se han dispersado! Mis ovejas andaban errantes por todos los montes y por toda colina alta.» Es casi seguro que los incrédulos no verían la alegoría tan obvia para la mayoría de los creyentes.

Esta no es una pintura que deja al espectador sin una respuesta emocional. Incluso un materialista podría reconocer el magnetismo de este pintura. Un cínico podría burlarse de la idea del simbolismo divino del pastor; una feminista podría descartar la historia porque el pastor es varón. Un residente de Jerusalén del siglo I fácilmente podría haber visto al pastor como una figura sombría (un mendigo o ladrón pobre y maloliente), no un ícono de la escuela dominical. Un incrédulo podría rechazar la analogía obvia para los creyentes por considerarla ingenua y trabajar duro para encontrar narrativas alternas.

El punto aquí es que la pintura de Soord, como la parábola misma, obliga al espectador a aceptar o rechazar el tema de la pintura. El mismo Jesús dice: «Por eso les hablo en parábolas; porque viendo no ven, y oyendo no oyen ni entienden.» (Mt 13:13) La parábola (y el cuadro) nos llevan a la presencia de Dios y nos confrontan con una decisión de fe. Nuestros corazones están dispuestos o no.

Cuando Moisés pidió ver el rostro de Dios, Dios le advirtió que mirara sólo el borde de su manto al pasar. Dios entonces dijo: «El SEÑOR, el SEÑOR, Dios compasivo y clemente, lento para la ira y abundante en misericordia y verdad (fidelidad).» (Ex 34:6) El rostro de Dios en el Antiguo Testamento estaba velado y elusivo. Al ver sólo el manto de Dios, el rostro de Moisés comenzó a brillar (Ex 34:29). Sólo en la persona de Jesús y a través de sus parábolas podemos tener una imagen más completa.

∞

Dios Padre,

Toda alabanza y honor, poder y dominio, verdad y justicia son tuyos porque tú nos creaste y nos has rescatado como un Buen Pastor a pesar de nuestro necio alejamiento de tu imagen y palabra.

Perdona nuestro comportamiento desenfrenado, nuestras vidas sin dirección y nuestros pecados voluntariosos cuando has provisto todas nuestras necesidades, tanto físicas como espirituales.

Gracias por la vida, muerte y resurrección de Jesús, la enseñanza de sus parábolas y la guía de la iglesia, fundada y abastecida por el Espíritu Santo.

Por el poder del Espíritu Santo, atráenos hacia ti. Abre nuestros corazones, ilumina nuestras mentes y fortalece nuestras manos en tu servicio.

En el precioso nombre de Jesús, Amén.

∞

Preguntas
1. ¿Qué pasajes de las Escrituras vienen a la mente en la parábola de la oveja perdida?
2. ¿Qué ejemplos de malos pastores puedes nombrar?
3. ¿Cómo se describe Dios a sí mismo ante Moisés?
4. ¿Qué significa tener el brillo?

Discurso Indirecto

Porque el reino de los cielos es semejante a un hacendado que salió muy de mañana para contratar obreros para su viña. Y habiendo convenido con los obreros en un denario al día, los envió a su viña.
(Mt 20:1-2)

A principios de la década de 1980, mientras estaba en la escuela de posgrado, un amigo ruso me invitó a una fiesta de vodka. Los amigos expatriados rusos de mi amigo se referían afectuosamente a él como Boris el Espía debido a sus fuertes vínculos familiares con la KGB. En esta fiesta, un amigo suyo ruso, ebrio, un profesor, se me acercó y comenzó a traducir un artículo de *Pravda*, el periódico oficial del Partido Comunista de la URSS.

Comenzó preguntando: ¿Cómo puede *Pravada* ser tan abiertamente crítico con el gobierno? El artículo decía: ¿Cómo pudo el gobierno de Beethoven, Brahms y Goethe mentir tan abiertamente sobre el asesinato de tantos civiles inocentes en campos de concentración por Adolf Hitler? El profesor inmediatamente sustituyó: ¿Cómo pudo el gobierno de Tchaikovsky, Rimsky Korsakov y Dostoevsky mentir abiertamente sobre el asesinato de tantos civiles inocentes en Ucrania a manos del camarada Stalin? Dijo que, para los rusos acostumbrados a mentir y el doble discurso, las implicaciones alegóricas de este artículo eran tan transparentes como asombrosas.

Bajo amenaza de muerte por ofrecer comentarios críticos de la estructura de poder de su época (por ejemplo, Mc 6:27), Jesús habló en parábolas. El discurso indirecto (circunloquios, símiles, metáforas, poesía, proverbios y alegorías) son géneros comunes en el Nuevo Testamento. La forma más extrema de discurso indirecto se ve en la literatura apocalíptica del Libro del Apocalipsis. No es ningún secreto qué los países con los gobiernos más represivos suelen generar la mejor poesía: El discurso indirecto es el lenguaje de las personas reprimidas.

Circunloquios

Como ya se mencionó en el prefacio, la Biblia utiliza numerosos circunloquios (referencias indirectas) para referirse al nombre de Dios. Una parábola es una forma elegante de circunloquio que Jesús comenzó a usar después de que los fariseos comenzaron a conspirar contra él (Mt 12-13).

Las referencias del Nuevo Testamento al Reino de Dios (Marcos, Lucas) o al Reino de los Cielos (Mateo) suenan a informes de los medios modernos que citan fuentes informadas en la Casa Blanca. Todo el mundo supone que tales referencias provienen directa o indirectamente del presidente. Casi todas las parábolas de Jesús se refieren a Dios, mientras que las parábolas rabínicas suelen dilucidar un pasaje de las escrituras (Blomberg 2012, 77). Las parábolas de Jesús son único porque se enfocan de Dios.

Alegoría

La alegoría puede considerarse como un patrón narrativo en el que se ha cambiado el contexto. En la parábola de la viña, un terrateniente recluta trabajadores en diferentes momentos durante el día de la cosecha, pero les paga a todos el mismo salario. Para cualquier negocio, esto sería extraño. Aquí, una viña o un jardín es una metáfora frecuente de la nación de Israel y el terrateniente en la parábola es una referencia a Dios, lo cual es obvio debido al circunloquio: «Porque el reino de los cielos es semejante.» (Mt 20:1) La parte difícil al interpretar la parábola es ver que el denario, una moneda romana, es un símbolo de salvación o vida eterna (Kissenger 1979, 2–3).

Interpretar el denario como símbolo de la vida eterna le da significado espiritual a la parábola. Como unidad de valor monetario, el denario hace que el terrateniente sea extremadamente generoso, pero la interpretación misional de la parábola está oculta. Por lo tanto, es probable que un creyente comprenda la inferencia de inmediato, mientras que un no creyente podría simplemente rascarse un poco la cabeza. Para el creyente, el don de la vida eterna es algo de valor infinito que no se divide fácilmente, no algo que pueda provocar celos por parte de los trabajadores contratados temprano en el día, como se describe en la historia. Esta advertencia sugiere un límite a la alegoría, aunque el mensaje principal es claro.

∞

Señor del sábado,

Toda alabanza y honor, poder y dominio, verdad y justicia son tuyos, porque nos hablas francamente en el lenguaje de la fe, velado a los que no pueden creer.

Perdónanos cuando nos negamos a escuchar, cerramos los ojos y no prestamos atención a la fragancia del Espíritu Santo en nuestras vidas.

Gracias por la liberación del mal que nos rodea, por la guía de tu imagen y la curación que proviene de aceptar tu gracia.

En el poder del Espíritu Santo, acércanos a ti. Abre nuestros corazones, ilumina nuestras mentes y fortalece nuestras manos en tu servicio, ahora y siempre.

En el nombre del Padre, del Hijo y del Espíritu Santo, Amén.

∞

Preguntas
1. ¿Por qué las personas reprimidas utilizan el discurso indirecto?
2. ¿Cuáles son algunos ejemplos de discurso indirecto que se encuentran en el Nuevo Testamento?
3. ¿Qué es un circunloquio?
4. ¿Qué es la alegoría?

Las Parábolas Como Género

Entonces Natán dijo a David: Tú eres aquel hombre.
(2 S 12:7)

En 2 Samuel 12:1–7, el profeta Natán le cuenta al rey David la historia de dos hombres, uno rico y otro pobre. El pobre sólo tiene un corderito que el rico roba y sacrifica para servir a su huésped. Cuando David escucha esta historia, se indigna porque había sido pastor y comprendió la crueldad del hombre rico. Cuando Natán declara que él es este hombre, debido al pecado de David con Betsabé, David se siente herido hasta la médula y se arrepiente de su pecado. Esta parábola del cordero es una alegoría, donde el contexto cambia y el verdadero contexto sólo se revela al final de la historia. El verdadero contexto se convierte entonces en la clave, como el denario en la parábola de la viña, de toda la historia.

Aunque la historia de la parábola de Natán contada a David normalmente se considera el único ejemplo de parábola en el Antiguo Testamento que se puede comparar con las parábolas de Jesús, la historia no se describe en el texto como una parábola. Cuando el Antiguo Testamento usa la palabra parábola, es en el contexto de historias de juicio divino.

Parábolas de Antiguo Testamento

Nuestro uso de la palabra parábola es una transliteración de la palabra griega *parabole* que se usa sólo tres veces en el Antiguo Testamento (Sal 78:2, Ez 17:2; 24:3). En cada caso, la parábola dada es una profecía de juicio sobre la nación de Israel por su falta de fe.

El Salmo 78 relata la historia de Israel durante el vagar por el desierto después del Éxodo de Egipto y la falta de voluntad incluso de Moisés para confiar en la provisión de Dios, cuando golpeó la roca en Cades en lugar de hablarle, como Dios le ordenó:

> Porque ustedes no me creyeron a fin de tratarme como santo ante los ojos de los Israelitas, por tanto, no conducirán a este pueblo a la tierra que les he dado. (Nm 20:12)

El juicio contra Moisés es personal. La parábola en este caso es la historia de la desobediencia de Israel.

Con una historia sobre dos águilas, Ezequiel 17 relata el intento de Israel de rebelarse contra Babilonia formando una alianza con el faraón en Egipto en lugar de confiar en Dios. Ezequiel 24 habla del asedio de Babilonia contra Jerusalén y de la destrucción venidera como si fuera una olla hirviendo un guiso de carne.

La Parábola Definida

La palabra parábola en griego es *parabole* y tiene dos definiciones:

1. Algo que sirve como modelo o ejemplo que apunta más allá de sí mismo para una realización posterior, tipo, figura o
2. Una narración o dicho de extensión variable, diseñada para ilustrar una verdad especialmente a través de comparación o símil, contraste, ilustración, parábola, proverbio, máxima (BDAG 5556).

La definición griega se acerca a nuestra comprensión común de una parábola de las dadas por Jesús.

La palabra hebrea traducida como *parabole* en griego es *mashal*. *Mashal* lleva estas inferencias:

1. Un dicho proverbial, frase breve y concisa de sagacidad popular,
2. Un discurso figurativo profético,
3. Un sinónimo,
4. Una similitud, una parábola,
5. Un poema de varios tipos,
6. Una frase de sabiduría ética (BDB 5753).

Se trata de una amplia gama de significados de *mashal* en

hebreo, que incluye nuestra comprensión de las parábolas de Jesús, pero también incluye los muchos proverbios de Salomón y cosas que normalmente no consideramos parábolas.

Género y Carácter

Jesús amplió el género de las parábolas para reflejar el carácter de Dios.

Nuestra incursión en el griego y el hebreo sugiere que el enfoque de las parábolas de Jesús en Dios extendió la parábola del Antiguo Testamento normalmente asociada con el juicio divino para ofrecer una caracterización más completa de Dios. El Dios del Antiguo Testamento se describe a sí mismo ante Moisés como misericordioso, compasivo, paciente, amoroso y fiel (Ex 34:6). La caracterización de Dios como iracundo se limita a situaciones en las que el pueblo de Israel ha sido desobediente a sus obligaciones del pacto o ha mostrado dureza de corazón como Faraón (Ex 4:21). Dios no es caprichoso como muchas otras deidades del mundo antiguo.

Esta observación lleva a Matthew Elliot (2009, 46-47) a articular una teoría cognitiva de las emociones. Como el Dios del Antiguo Testamento, nos enojamos por cosas que son importantes para nosotros. Elliott (2009, 53–54) escribe: «Si la teoría cognitiva es correcta, las emociones se convierten en una parte integral de nuestra razón y nuestra ética,» informando y reforzando el comportamiento moral.

Jesús amplió el tratamiento de las parábolas en el Antiguo Testamento de dos maneras.

Primero, mientras que el juicio divino en el Antiguo Testamento es principalmente corporal (la nación de Israel), el juicio de Jesús es más personal y se relaciona con demostraciones individuales de fe o desobediencia (por ejemplo, Mt 25), como en el ejemplo de Moisés en Cades. Segundo, Jesús asocia las parábolas con atributos de Dios que están más allá del juicio: misericordia, gracia, paciencia, amor y fidelidad (Ex 34:6). Por lo tanto, Dios se convierte en nuestro padre no sólo en la oración del Señor, sino también al ser representado como un Dios que muestra una variedad de atributos y emociones asociadas. Podríamos decir que Jesús describió a Dios Padre como más humano, pero esa caracterización descuida el testimonio más completo del Antiguo Testamento: él siempre fue más que un simple Dios iracundo.

∞

Dios el Padre,

Toda alabanza y honor, poder y dominio, verdad y justicia son tuyos porque nos revelas en Jesús una imagen más matizada de ti mismo, alguien en quien podemos confiar y emular.

Perdónanos por no recordar la disciplina de nuestra juventud cuando probamos tu paciencia y no mostramos tu misericordia, gracia, paciencia, amor, o fidelidad.

Afortunadamente, eres más paciente y misericordioso que nosotros.

En el poder de tu Espíritu Santo, concédenos tu fuerza de carácter para tratarnos con gracia unos a otros.

En el precioso nombre de Jesús, Amén.

∞

Preguntas
1. ¿Cuál es el enfoque de las parábolas del Antiguo Testamento?
2. ¿Cómo amplía Jesús la noción de parábola del Antiguo Testamento?
3. ¿Qué es la teoría cognitiva de las emociones?
4. ¿Qué hay de malo en caracterizar la noción del Antiguo Testamento de un Dios iracundo?

Parábolas en un Contexto Posmoderno

> *El temor del (La reverencia al) SEÑOR es*
> *el principio de la sabiduría;*
> *Los necios desprecian la sabiduría y la instrucción.*
> (Pr 1:7)

Sabemos por la filosofía que la existencia de Dios no se puede probar ni refutar lógicamente, al igual que la existencia de una verdad objetiva. Placher (1989, 34) escribe citando a Wittgenstein:

> Cuando encontramos los cimientos, resulta que el resto de la casa los sostiene. Si los teólogos intentan defender sus afirmaciones comenzando con verdades básicas y fundamentales que cualquier persona racional tendría que creer u observaciones independientes de teorías y suposiciones, están tratando de hacer algo que nuestros mejores filósofos nos dicen que es imposible.

En términos sencillos, el argumento aquí es que nuestras observaciones empíricas (la hierba es verde) no pueden separarse de nuestras definiciones iniciales (el verde es el color de una hoja de tomate).

Debido a que los estudiosos de la Ilustración no han logrado encontrar una base logísticamente defendible para la fe, el filósofo cristiano Alan Plantinga (2000, xi) propuso el concepto de fe garantizada (justificado). Si tomamos una decisión por la fe cuando nuestras capacidades mentales funcionan correctamente, entonces esa decisión no puede ser cuestionada como filosóficamente deficiente en la forma en que Marx, Freud y Nietsche calumniaron fe en Dios (Plantinga 2000, 136–142).

Evidencia de la Obra de Dios en el Mundo

La Biblia habla extensamente acerca de la verdad. Jesús describe al Espíritu Santo como el Espíritu de Verdad (Jn 14:17), y Pedro llama al Evangelio el Camino de la Verdad (2 P 2:2). El apóstol Pablo escribe que: «Porque ellos cambiaron la verdad de Dios por la mentira, y adoraron y sirvieron a la criatura en lugar del Creador.» (Ro 1:25; Howard 2018, 178) Además, Juan testifica como testigo ocular de la verdad del Evangelio (1 Jn 1:1–3). Más adelante leemos:

> Nosotros somos de Dios; el que conoce a Dios, nos oye; el que no es de Dios, no nos oye. En esto conocemos el espíritu de la verdad y el espíritu del error. Amados, amémonos unos a otros, porque el amor es de Dios, y todo el que ama es nacido de Dios y conoce a Dios. El que no ama no conoce a Dios, porque Dios es amor. (1 Jn 4:6-8)

Aquí, el Apóstol Juan ve el amor como evidencia de la existencia y revelación de Dios para nosotros.

Debido a las muchas definiciones falsas del amor que flotan en el mundo posmoderno, el enfoque de Juan en el amor es menos útil que en épocas anteriores. Aun así, Juan hace dos cosas interesantes en este pasaje. Primero, Juan supone que la presencia de Dios se puede observar en las personas. Esto implica que, aunque no se puede probar lógicamente la existencia de Dios, todavía tenemos evidencia. Segundo, esta evidencia de la existencia de Dios es relacional. El amor requiere un objeto; no está solo.

El criterio para la fe entonces se convierte en: ¿Es la historia cristiana sobre Dios más creíble que las historias alternativas sobre cómo funciona el mundo? Hart (2009, ix) escribe: «Puede que sea imposible proporcionar evidencia perfectamente irrefutable para nuestras conclusiones, pero ciertamente es posible acumular evidencia suficiente para confirmarlas más allá de toda duda verosímil.» Los criterios de fe no son más que una versión simplificada del método científico.

El Rol de las Parábolas

En el contexto posmoderno en que los argumentos lógicos sobre la existencia de Dios son insuficientes, las parábolas de Jesús presentan descripciones sobre cómo Dios obra en nuestro mundo cotidiano. En la cosmovisión del primer siglo, no se cuestionaba la trascendencia de

Dios, pero no se entendía bien su carácter y su preocupación por la gente común. En el mundo posmoderno, esta descripción se invierte. Se asume al menos superficialmente el carácter y la preocupación de Dios, pero se cuestiona su trascendencia. Si no se puede demostrar su trascendencia, entonces nuestro conocimiento sobre su carácter y preocupación parece tenue.

El argumento de las parábolas es que la trascendencia de Dios se infiere de la credibilidad relacional de su carácter y su preocupación por la gente cotidiana. Este es un argumento de menor a mayor, un argumento *a fortiori*. El amor de Dios es como el de un padre por sus dos hijos, sólo que mayor, como en la parábola del hijo pródigo (Lc 15:11–32). Sabemos cuánto aman los padres a sus hijos; la parábola relaciona ese amor con el amor de Dios por su pueblo. Relacionalmente, este argumento es inmediatamente obvio.

En nuestra época cínica, nos cansamos de escuchar historias interminables y sin resolver de niños desobedientes y padres abusivos. Las historias de alegría y curación son buenas noticias para nuestros afligidos oídos. Las parábolas de Jesús son como el agua ofrecida al viajero del desierto perdido, desanimado y al borde de la muerte.

∞

Bendito Señor Jesús,

Toda alabanza y honor, poder y dominio, verdad y justicia son tuyos porque viniste a nosotros y hablaste en nuestro idioma, la lengua de la vida diaria.

Perdónanos cuando hablamos en círculos, tratando de impresionar a nuestros amigos con argumentos que nosotros mismos no entendemos del todo.

Gracias por tu paciencia, tu disposición a escucharnos y razonar con nosotros para que entendamos.

En el poder de tu Espíritu Santo, quédate con nosotros, guíanos y provisiónanos de tus muchas bendiciones, como un padre cariñoso. Apoya a nuestras familias, sana nuestras enfermedades y sé especialmente presente en nuestras aflicciones.

En el precioso nombre de Jesús, Amén.

∞

Preguntas
1. ¿Se puede probar lógicamente la existencia de Dios?
2. ¿Qué es la fe garantizada?
3. ¿Cómo argumenta el apóstol Juan a favor de la existencia de Dios?
4. ¿Qué es un argumento *a fortiori*?

MISERICORDIA

El Buen Samaritano

*Sean ustedes misericordiosos,
así como su Padre es misericordioso.*
(Lc 6:36)

La primera característica de Dios en Éxodo 34:6 es la misericordia. La palabra hebrea para misericordia *rahum* (BDB 9028) se usa junto con *hannun* (BDB 3259), las cuales riman y se traducen como compasión, lo que sugiere un modismo compuesto o endíadis. El mismo problema existe en las palabras griegas de la Septuaginta *oiktirmon* y *elemon*. En inglés, a menudo se da una distinción judicial donde la misericordia es no recibir el castigo que uno merece, mientras que la compasión es recibir una bendición que uno no merece (Finney 1999, 143).

Este problema de traducción continúa en el Nuevo Testamento. Considere: «Porque el dice a Moisés: Tendré misericordia del que yo tenga misericordia, y tendré compasión del que yo tenga compasión.» (Ro 9:15) El Apóstol Pablo usa ambas palabras griegas en esta frase, que se traducen en español como misericordia y compasión. Jacob se beneficia del favor de Dios mientras que su hermano Esaú no, un ejemplo de soberanía divina (Ro 9:13; 9:18). Una acción soberana es posible debido a que el beneficio no se gana y no implica ninguna obligación. Nos rascamos la cabeza al leer esta historia debido a que nos incomoda la idea de que Dios favorece a un pecador sobre otro. Algunas de las controversias familiares más difíciles surgen al negociar quales son los pecados perdonables y quales no.

Curiosamente, la palabra hebrea para misericordia solo se usa para describir a Dios, lo que dificulta ofrecer una parábola que describa las características de Dios dentro de un contexto humano.

El Buen Samaritano

El contexto legal de la parábola del buen samaritano arroja luz sobre la distinción entre misericordia y compasión. Cuando el samaritano encuentra al hombre desnudo y golpeado por los ladrones, el texto dice: «Pero cierto Samaritano, que iba de viaje, llegó adonde él estaba; y cuando lo vio, tuvo compasión.» (Lc 10:33) La palabra griega para compasión es *esplagnisthe*, que no tiene relación ni con misericordia ni con compasión en el hebreo citado anteriormente, pero significa algo así como: Su corazón (tripas) se desgarró por él.

Más tarde, cuando el abogado judío que habla con Jesús recapitula el sentimiento de la parábola, usa la palabra *eleos* (Lc 10:37), que se traduce al español como misericordia. Si bien *eleos* también puede traducirse como compasión, como en Éxodo 34:6, el abogado claramente no tiene compasión por el hombre robado y, tal vez, se pregunta si merecía la paliza que recibió. En consecuencia, ser perdonado por la ofensa de ser samaritano (un prejuicio judío) no se describe como compasión, sino como misericordia. Por lo tanto, el narrador enfatiza la distancia emocional recorrida aquí al elegir comenzar con una palabra completamente diferente para compasión (*esplagnisthe*).

En la parábola, Jesús utiliza un truco de abogado para exponer un punto similar. El abogado inicia esta discusión preguntando ¿Quién es mi prójimo? (Lc 10:29) La palabra prójimo es un sustantivo y el abogado hace la pregunta para restringir su obligación ante la ley. Jesús convierte el sustantivo (prójimo) en verbo (ser prójimo), preguntando: «¿Cuál de estos tres piensas tú que demostró ser prójimo del que cayó en manos de los salteadores?» (Lc 10:36) Al hacer esto, Jesús convierte una obligación limitada en una potencialmente ilimitada. Por lo tanto, la distancia emocional recorrida implícita en la elección de las palabras anteriores es paralela a la distancia legal recorrida implícita en la transformación del sustantivo a verbo.

Contextos en Conflicto

En la iglesia primitiva, las parábolas a menudo se interpretaban alegóricamente. Para Adolf Jülicher (1857–1938), el foco de la interpretación se alejó de la alegoría. Jülicher creía que las parábolas eran «un discurso literal y que se explican por sí mismas.» (Kissenger 1979, 76) El ofreció una clasificación de cuatro tipos de parábolas: el símil, la similitud, la fábula y la historia de ejemplo (Kissenger 1979, 72–73). Este cambio de énfasis abrió las parábolas a formas modernas de crítica, como, por ejemplo, la crítica de formas que: «Rudolf Bultmann señala que cada categoría literaria tiene su propio *Sitz im Leben* (contexto de la vida), ya sea el culto en sus diferentes formas, el trabajo, la caza, o la guerra.» (Kissenger 1979, 102)

Los estudios más recientes se han centrado en el contexto histórico de las parábolas, de las cuales dos son importantes: el contexto de Jesús y el contexto de la iglesia primitiva. Para alguien que vive en un ambiente hostil, las declaraciones públicas deben necesariamente estar veladas en un lenguaje poético o simbólico. Vemos este problema hoy en día en el discurso político, donde miembros de ideas afines de un partido en particular hablan abiertamente de temas controversiales en un lenguaje codificado, mal comprendido por los de afuera.

El contexto de Jesús difería del contexto de la iglesia primitiva, lo que sugiere que podría hacer declaraciones alegóricas cuyo significado se perdió o se consideró menos importante sólo unos años después. Un ejemplo moderno podrían ser las alegorías que se encuentran en la película El mago de Oz (1937), como la canción «Sigue el Camino de Ladrillos Amarillos» que hacía referencia a un Estandar de Oro recientemente abandonado (1931). Hoy la canción es linda, pero no es obvio que es una declaración política.

La *Sitz in Leben* de la Parábola

La misericordia es un enfoque apropiado de la historia del Buen Samaritano porque los judíos odiaban a los samaritanos. El samaritano tuvo que superar los prejuicios (mostrar misericordia) para poder mostrar amor al hombre dado por muerto. De la misma manera, experimentamos el amor de Dios a través de su misericordia al enviar a Cristo a morir por nuestros pecados en la cruz.

Santiago llega a la misma conclusión de los atributos sobre Dios cuando observa: «Porque el juicio será sin misericordia para el que no ha mostrado misericordia. La misericordia triunfa sobre el juicio.» (St 2:13) Aquí Santiago ha reafirmado la bienaventuranza de Jesús en forma negativa: es una maldición ser juzgado sin misericordia (ver Mt 5:7). El juicio requiere verdad, que—como el amor—sigue a la misericordia en la lista de atributos de Dios en Éxodo 34:6.

El vínculo entre el juicio y la misericordia nos regresa a la obra expiatoria de Cristo, como observó el apóstol Pedro:

> Bendito sea el Dios y Padre de nuestro Señor Jesucristo, quien según Su gran misericordia, nos ha hecho nacer de nuevo a una esperanza viva, mediante la resurrección de Jesucristo de entre los muertos, para obtener una herencia incorruptible, inmaculada, y que no se marchitará, reservada en los cielos para ustedes. Mediante la fe ustedes son protegidos (guardados) por el poder de Dios, para la salvación que está preparada para ser revelada en el último tiempo. (1 P 1:3–5)

El camino hacia la salvación a través de Cristo (y su amor) es a través de su misericordia.

∞

Amado Salvador,

Toda la gloria y el honor, el poder y el dominio, la

verdad y la justicia son tuyos porque nos hablas en nuestro dolor y nos ofreces consuelo en nuestras aflicciones.

Perdónanos por traer dolor y aflicciones a nosotros mismo a través de la necedad, la pereza y el aburrimiento.

Gracias por tu presencia en nuestra hora de necesidad, soledad y pensamiento nublado. En el poder de tu Espíritu Santo, construye nuestras familias, iglesias y comunidades de acuerdo con tu plan para nuestras vidas, para que podamos brillar en medio de la oscuridad y la desesperación.

En el precioso nombre de Jesús, Amén.

∞

Preguntas
1. ¿Cómo distingues la misericordia y la gracia? ¿Qué dice la Biblia?
2. ¿Cuál es tu principal conclusión de la parábola del buen samaritano?
3. ¿Qué dos contextos importantes tienen las parábolas de Jesús en el Nuevo Testamento?
4. ¿Cómo defines *Sitz in Leben?*

El Siervo Implacable

Porque si ustedes perdonan a los hombres sus transgresiones (faltas, delitos), también su Padre celestial les perdonará a ustedes. Pero si no perdonan a los hombres, tampoco su Padre les perdonará a ustedes sus transgresiones (faltas, delitos).
(Mt 6:14–15)

Siguiendo la distinción judicial entre misericordia y compasión, la misericordia denota separación social y emocional, mientras que la compasión connota una mayor afinidad social y emocional. Ambos hablan de los atributos de Dios, pero el lugar de honor en el panteón de atributos es la misericordia porque antes del sacrificio de Cristo en la cruz, el pecado original nos separaba de Dios.

La misericordia judicial llama nuestra atención sobre la trascendencia de Dios Padre y la entrega de la ley mosaica, mientras que la compasión judicial nos lleva a la humanidad de Cristo, la inmanencia de Dios. Como observó el Apóstol Pablo:

> Porque difícilmente habrá alguien que muera por un justo, aunque tal vez alguno se atreva a morir por el bueno. Pero Dios demuestra su amor para con nosotros, en que, siendo aún pecadores, Cristo murió por nosotros. (Ro 5:7–8)

Por esta razón, quizás, la misericordia esté entre las Bienaventuranzas mencionadas en el Sermón del Monte de

Jesús en Mateo 5, mientras que el amor no. La misericordia es más primordial incluso si está motivada por el amor.

El Siervo Implacable

La misericordia de Dios se muestra claramente en la parábola del Siervo Implacable, donde leemos:

> Por eso, el reino de los cielos puede compararse a cierto rey que quiso ajustar cuentas con sus siervos. Al comenzar a ajustarlas, le fue presentado uno que le debía 10,000 talentos (216 toneladas de plata). Pero no teniendo él con qué pagar, su señor ordenó que lo vendieran, junto con su mujer e hijos y todo cuanto poseía, y así pagara la deuda. Entonces el siervo cayó postrado ante él, diciendo: Tenga paciencia conmigo y todo se lo pagaré. Y el señor de aquel siervo tuvo compasión, lo soltó y le perdonó la deuda. (Mt 18:23–27).

Aquí vemos a un rey de buen corazón que perdona una enorme deuda por compasión hacia el deudor y su familia. La enormidad de la deuda sugiere que un rey perdona la deuda de un gobernador regional—la venta de esclavos, por lo contrario, sería simplemente un gesto simbólico y punitivo. La frase inicial hace referencia al reino de los cielos, un circunloquio clásico de Dios. La abrumadora suma de dinero perdonada es una segunda señal debido a la abrumadora generosidad de Dios a lo largo de las Escrituras, pero se ve especialmente en el Evangelio de Juan (por ejemplo, Jn 2:6–10; 6:5–14; 21:4–13).

La parábola, sin embargo, tiene un giro inesperado.

El sirviente, al que se le ha perdonado una suma enorme, se vuelve contra un consiervo que le debe una pequeña suma y lo trata con dureza (Mt 28:28–30) Cuando el rey se enteró de lo que había hecho su siervo, se enojó, lo llamó y lo metió en la cárcel (Mt 18:31–35). Así, aprendemos que no basta con saber que Dios es misericordioso: debemos modelar la misericordia de Dios para con los demás.

Ecos de la Creación

La necesidad de modelar el comportamiento de Dios ante los demás está integrada en nuestra creación, como leemos: «Dios creó al hombre a imagen Suya, a imagen de Dios lo creó; varón y hembra los creó.» (Gn 1:27) Al ser creados a imagen de Dios, se espera que reflejemos no tanto la apariencia de Dios sino sus enseñanzas éticas. Después de crear el cielo y la tierra, Dios creó la luz que él inmediatamente declara buena (Gn 1:3–4). El punto aquí es que la parábola hace explícito un principio que la Biblia ha reiterado desde el principio.

Para que no pasemos por alto un punto importante, observemos que Dios se enoja cuando descuidamos reflejar su imagen divina. En la parábola, el rey se enoja con el siervo al que perdonó y que se negó a practicar el perdón y el rey restablece la pena por falta de pago de la deuda del siervo. La ira de Dios refuerza su propia enseñanza y no es arbitraria ni caprichosa. Dios realmente quiere que practiquemos la misericordia.

La Ley y los Profetas

El Apóstol Pablo, como buen rabino, a menudo buscaba principios enseñados en los Libros de la Ley (los primeros cinco libros del Antiguo Testamento) para aplicarlos o explicarlos en los Profetas (todos los demás libros del Antiguo Testamento). La misericordia de Dios es, por ejemplo, un tema del Libro de Jonás.

Dios le dijo a Jonás: «Levántate, ve a Nínive, la gran ciudad, y proclama contra ella, porque su maldad ha subido hasta Mí.» (Jon 1:2) Jonás odiaba a los ninivitas porque Nínive era la ciudad natal de Senaquerib, rey de Asiria, que se había apoderado de toda Judea, excepto Jerusalén (Is 36:1). Jonás huyó de Dios en un barco para evitar predicar a los ninivitas, fue arrojado por la borda en una tormenta y una ballena lo rescató. Entonces Dios le pidió nuevamente que fuera a Nínive. Jonás fue, predicó a los ninivitas y ellos se arrepintieron de su pecado. Dios los perdonó y salvó a la ciudad, para gran consternación de Jonás. (Jon 3:10, 4:1)

Cuando se le preguntó por qué intentó huir de Dios, Jonás citó la misericordia de Dios (Jon 4:2). Jonás quería que Nínive fuera destruida, no perdonada.

El carácter misericordioso de Dios es consistente en toda la Sagrada Escritura. En Éxodo 34:6, aprendemos que Dios es misericordioso, en Jonás 3:10 vemos a Dios ofreciendo misericordia a Nínive, y en Mateo 18:27 se nos recuerda que Dios practica la misericordia. Incluso después de la resurrección, después de que sus discípulos lo abandonaron, Jesús los trató con misericordia, un punto de especial interés para nosotros hoy.

Esta consistencia ha llevado a los teólogos a describir el carácter de Dios como inmutable. Si el carácter de Dios de alguna manera cambió con el tiempo o si Dios aprendió a través de la experiencia, entonces podríamos preocuparnos de que él también olvide sus promesas.

Dios de Toda Misericordia

Toda alabanza y honor, poder y dominio, verdad y justicia son tuyos, porque tú perdonas nuestros pecados cuando nos arrepentimos de ellos y recordamos tus promesas.

Perdóna nuestras emociones y comportamientos inconsistentes que nos llevan a pecar y a descuidar nuestras promesas.

Gracias por el regalo del perdón que se nos concedió por la muerte de Jesús en la cruz.

En el poder de tu Espíritu Santo, acércanos a ti día a día para que podamos sacar fuerza de tu fuerza, gracia de tu gracia y paz de tu paz.

En el precioso nombre de Jesús, Amén.

∞

Preguntas
1. ¿Por qué la misericordia ocupa un lugar de honor en el panteón de los atributos de Dios?
2. ¿Qué nos enseña la parábola del Siervo Implacable acerca de la misericordia de Dios?
3. ¿Qué aprendemos de la parábola sobre la ira de Dios?
4. ¿Qué significa ser creado a imagen de Dios?

La Higuera Estéril

> *Porque no hay árbol bueno que produzca fruto malo,*
> *ni a la inversa, árbol malo que produzca fruto bueno.*
> *Pues cada árbol por su fruto se conoce.*
> (Lc 6:43–44)

Jesús hablaba frecuentemente del fruto como señal de identidad. Así como un árbol se conoce por sus frutos, el corazón se conoce por sus acciones. Él dijo: «Así que, por sus frutos los conocerán.» (Mt 7:20) Tanto los creyentes como los profetas deben ser medidos por sus frutos. Juan el Bautista fue aún más directo y midió el arrepentimiento en términos de las acciones que siguieron—presumiblemente la penitencia—en el contexto del juicio divino (Mt 3:8).

El Apóstol Pablo también habló del fruto: «Pero el fruto del Espíritu es amor, gozo, paz, paciencia, benignidad, bondad, fidelidad, mansedumbre, dominio propio; contra tales cosas no hay ley.» (Ga 5:22–23) Contrastó el fruto del espíritu con los deseos de la carne y las obras que siguen:

> Ahora bien, las obras de la carne son evidentes, las cuales son: inmoralidad, impureza, sensualidad, idolatría, hechicería, enemistades, pleitos, celos, enojos, rivalidades, disensiones, herejías, envidias, borracheras, orgías y cosas semejantes, contra las cuales les advierto, como ya se lo he dicho antes, que los que practican tales cosas no heredarán el reino de Dios. (Ga 5:19–21)

La idea dominante aquí es que los deseos del corazón se revelan en las acciones del cuerpo. El Apóstol Santiago subrayó esta misma relación y la vinculó a la paciencia de un agricultor que tenía que esperar después de sembrar la semilla a que llegaran las lluvias y las plantas crecieran (St 5:7).

Parábola de La Higuera Estéril

Jesús contó esta parábola:

> Cierto hombre tenía una higuera plantada en su viña; y fue a buscar fruto de ella y no lo halló. Y dijo al viñador: Mira, hace tres años que vengo a buscar fruto en esta higuera, y no lo hallo. Córtala. ¿Por qué ha de cansar la tierra? El viñador le respondió: Señor, déjala por este año todavía, hasta que yo cave alrededor de ella, y le eche abono, y si da fruto el año que viene, bien; y si no, córtala. (Lc 13:6–9)

Note los tres actores en esta parábola: un terrateniente, un viñador, y una higuera. Alegóricamente, la conversación aquí es una discusión entre Dios Padre (el terrateniente) y Jesucristo (el viñador) sobre cierta persona (la higuera). Aquí el viñador pide más tiempo para que la higuera dé frutos y se ofrece a desherbar y fertilizar el árbol. El árbol no tiene ningún valor inherente más que el de dar frutos y actualmente no está dando frutos.

El terrateniente ofrece misericordia a la higuera en forma de tiempo adicional de crecimiento, pero esta misericordia tiene límites: Sólo un año más para crecer. Al igual que la parábola del Siervo Implacable, la misericordia ofrecida es limitada: Se esperaba que el siervo perdonado ofreciera una misericordia similar a sus propios deudores, una especie de fruto del arrepentimiento que exigía Juan el Bautista (Mt 3:8).

La Misericordia como Atributo Divino

Como se describió anteriormente, la misericordia sirve como una prueba para quienes la reciben, con la implicación de que el juicio seguirá para aquellos que no pasan la prueba. La misericordia de Dios no es una carta blanca: Describe quién es Él, pero también se presenta en el contexto de obligaciones y límites a nuestro propio comportamiento.

En derecho encontramos dos tipos de justicia: La justicia penal y la justicia restaurativa. La justicia penal sirve para castigar a los infractores y les deja en sus manos el cumplimiento de la ley en el futuro sopesando los costos (sufrir penas conforme a la ley) y los beneficios (evitar penas futuras) del incumplimiento. La justicia restaurativa se centra en reformar al delincuente. Normalmente, los menores se enfrentan a la justicia restaurativa, mientras que los adultos se enfrentan a la justicia penal.

La Biblia presenta a Dios ofreciendo en general justicia restaurativa. La historia de Caín y Abel es un ejemplo de esta justicia restaurativa. Cuando Caín se enojó con su hermano Abel, Dios le aconseja que enfrente su enojado (Gn 4:6–7). Cuando Caín mata a Abel, Dios lo maldice a ser un vagabundo. (Gn 4:12). Cuando Caín se queja de que no puede soportar el castigo, Dios lo protege de la venganza de otros hombres poniéndole una marca (Gn 4:15). Si Dios hubiera impuesto la pena de muerte a Caín, habría sido justicia penal (Gn 9:6). Como resultado, Caín recibió justicia restaurativa, aunque nunca escuchamos que realmente se reformó.

En la parábola de la higuera estéril, siempre me he preguntado cuántos años no discutió el viñador con el propietario por la higuera. En nuestro patio trasero tenemos un árbol de caqui estéril. Durante años he discutido para cortarlo y durante años mi esposa me ha dicho: Dale un año más. Conociendo el corazón de Dios, espero que ver un resultado similar.

∞

Padre todopoderoso,

Toda alabanza y honor, poder y dominio, verdad y justicia son tuyos, porque nos enseñaste el significado de la misericordia y practicaste el perdón antes de que tuviéramos idea de ninguno de los dos.

Confesamos que aprendemos lentamente, especialmente cuando se requiere que perdonemos a los demás. Perdona nuestros corazones endurecidos, nuestras mentes nubladas y nuestras manos perezosas que nunca parecen hacerlo bien.

Gracias por el sacrificio de Jesús de Nazaret en la cruz. Enséñanos a emular su sacrificio para quienes nos rodean.

En el poder de tu Espíritu Santo, concédenos fuerza para soportar el sacrificio, gracia para compartir con los demás y la paz que sobrepasa todo entendimiento.

En el precioso nombre de Jesús, Amén.

∞

Preguntas
1. ¿Qué papel juega el fruto en la comprensión del corazón de los demás?
2. ¿Qué pasó en la parábola de la Higuera Estéril?
3. ¿Cuáles son dos tipos de justicia?

4. ¿Qué clase de justicia asocia la Biblia con Dios?

El Publicano y el Fariseo

> *Al transcurrir el tiempo, Caín trajo al SEÑOR
> una ofrenda del fruto de la tierra.
> También Abel, por su parte,
> trajo de los primogénitos de sus ovejas
> y de la grasa de los mismos.
> El SEÑOR miró con agrado a Abel y su ofrenda,
> pero no miró con agrado a Caín y su ofrenda.*
> (Gn 4:3–5)

El evangelista Charles Finney (1792–1875), a veces llamado el padre del avivamiento, se educó como abogado y era conocido por predicar fuego y azufre (Galli y Olsen 2000, 67). Comprendió intuitivamente el contexto judicial de la misericordia y el papel crítico que desempeña el pecado original. Él escribe:

> El culpable, si desea obtener misericordia del ejecutivo, debe admitir la rectitud de la ley y de la pena. De lo contrario, se pondrá en contra de la ley y la comunidad no podrá confiar en él. (Finney 1999, 151)

Para el acusado, declararse culpable satisface el requisito judicial de misericordia porque declararse inocente niega que se haya infringido una ley. Declararse culpable también libera al fiscal de la carga de probar la culpabilidad y de un juicio prolongado, lo que reduce el gasto público—una enorme preocupación de los fiscales.

El pecado original es la doctrina que sostiene que,

aunque fuimos creados sin pecado, el pecado entró en la raza humana cuando Adán y Eva comieron del fruto prohibido (Gn 3:6). Este es un pecado colectivo donde el pecado de los padres se transmite a los hijos. (Ex 34:7). El ciclo de pecado y culpa colectivos se rompió cuando un Cristo sin pecado murió en la cruz, pagando la pena del pecado por todos nosotros. La expiación por el pecado colectivo, un acontecimiento predicho por el profeta Jeremías (Jr 31:29–30), sólo podía hacerse con un sacrificio divino.

El argumento de que todos somos básicamente buenos (es decir, que no somos culpables del pecado original) niega la obra principal de Cristo, de quien se afirma en todo el Nuevo Testamento que murió por nuestros pecados (por ejemplo, 1 Co 15:3). Sin pecado; no se necesita salvación. También implica que Cristo no es divino porque Cristo no podría haber sido un sacrificio sin pecado por todos nosotros a menos que también fuera Dios.

En consecuencia, el atributo de Dios de ser misericordioso se presenta como un argumento crítico para comprender los principios centrales de la fe cristiana. Como abogado y evangelista, Finney jugó un papel clave en elevar el entendimiento común de nuestra fe cristiana, así como también ayudó a fundar el movimiento evangélico en el siglo XIX.

Para que nadie argumente que la comprensión judicial de la misericordia fue una innovación del siglo XIX, recordemos que la ley jugó un papel más importante en el judaísmo, que sirvió de trafondo para el Nuevo Testamento. Los escritores del Nuevo Testamento escribieron sobre el Evangelio en un contexto cultural donde los argumentos legales dominaban la vida cotidiana.

El Fariseo y el Publicano

La manera en que Jesús distinguió entre las declaraciones de culpabilidad y las de no culpabilidad juega un papel clave en esta parábola sobre la oración:

Dijo también Jesús esta parábola a unos que confiaban en sí mismos como justos, y despreciaban a los demás:

> Dos hombres subieron al templo a orar; uno era Fariseo y el otro recaudador de impuestos. El Fariseo puesto en pie, oraba para sí de esta manera: Dios, te doy gracias porque no soy como los demás hombres: estafadores, injustos, adúlteros; ni aun como este recaudador de impuestos. Yo ayuno dos veces por semana; doy el diezmo de todo lo que gano. Pero el recaudador de impuestos, de pie y a cierta distancia, no quería ni siquiera alzar los ojos al cielo, sino que se golpeaba el pecho, diciendo: Dios, ten piedad de mí, pecador. Les digo que éste descendió a su casa justificado,

pero aquél no; porque todo el que se engrandece será humillado, pero el que se humilla será engrandecido. (Lc 18:9–14)

En esta historia, el fariseo claramente cree que no es culpable (se declara inocente) de haber transgredido la ley mosaica, mientras que el recaudador de impuestos se ve a sí mismo culpable (se declara culpable). Aquí Dios desempeña el papel de un juez que da un veredicto de justificado al republicano, pero no al fariseo. Implícito en esta historia está el concepto de pecado original (Sal 14) porque ambos hombres son juzgados, lo cual fue culturalmente inesperado.

Esta parábola se centra en la palabra *dikaio* (BDAG 2005), que se traduce como justificado. Las dos definiciones principales tienen un contexto legal, es decir: *Tomar una causa legal, mostrar justicia, hacer justicia, tomar una causa o emitir un veredicto favorable, reivindicar*. Si bien el juez en esta parábola pronuncia el veredicto, no se menciona ninguna pena.

Caín y Abel

La ausencia de una pena es interesante porque esta parábola se centra en dos hombres devotos en el templo, lo que excluye a las personas seculares que no están en el templo, cuya pena por no adorar sería culturalmente más obvia. Estos tipos de hombres son arquetipos explícitos donde uno es orgulloso y el otro humilde. Podríamos comparar a estos dos hombres con Caín y su hermano Abel, quienes presentaron sus ofrendas a Dios ante el altar. La ofrenda de Caín es rechazada, mientras que la de Abel es aceptada por Dios en su decisión soberana e inexplicable.

En otro contexto, podríamos describir esta parábola como si tomara la forma de una parodia o analogía (Dikkers 2018, 96–104). Como Jesús habló en persona, podríamos imaginar sus expresiones o pantomima mientras contaba esta historia. Incluso hoy, los rabinos pueden ser oradores cómicos. Incluir a dos hombres devotos en el contexto de la adoración, uno aceptado y el otro rechazado, podría tomarse como un tropo literario del siglo I, tal vez embarazoso para los fariseos y divertido para otros.

Notar un contexto humorístico humaniza a Jesús y refuerza el enfoque en la actitud que se da en la introducción de la parábola.

∞

Bendito Señor Jesús,

Toda alabanza y honor, poder y dominio, verdad y justicia son tuyos, porque nos hablas con historias que no podemos evitar repetir para mostrar la naturaleza de Dios.

Perdónanos cuando no lo entendemos o nos negamos a reconocer lo que nuestro corazón y nuestra mente nos dicen que es obviamente cierto.

Gracias por tu paciencia con nosotros, ofreciéndonos misericordia en lugar de justicia cuando claramente no merecemos misericordia y no podemos enfrentar la verdadera justicia.

En el poder de tu Espíritu Santo, danos corazones abiertos, mentes enseñables y manos amigas para que podamos parecernos más a Jesús cada día.

En el precioso nombre de Jesús, Amén.

∞

Preguntas
1. ¿Quién era Charles Finney? ¿Por qué debería importarnos?
2. ¿Cómo influyen las declaraciones judiciales en nuestra comprensión de la misericordia?
3. ¿Qué historia imita la parábola del fariseo y el republicano?
4. ¿Crees que Dios tiene sentido del humor?

Aplicando Misericordia

*Bienaventurados los misericordiosos,
pues ellos recibirán misericordia.*
(Mt 5:7)

En las parábolas examinadas en este capítulo, comenzamos a ver la naturaleza de la misericordia de Dios.

En el Buen Samaritano aprendemos que la misericordia requiere una reacción visceral: nuestros corazones se inclinan hacia la misericordia más que nuestras cabezas. Dios está emocionalmente involucrado en nuestras vidas y nuestra salvación. Además, el perdón de Dios supera todos los prejuicios.

En el Siervo Implacable, vemos que Dios está dispuesto a perdonar a quienes se arrepienten de su pecado y le piden perdón. El único pecado imperdonable es la negativa a creer. Aún así, nuestro perdón viene con la obligación de extender misericordia a aquellos que pecan contra nosotros.

En la Higuera Estéril, escuchamos acerca de los límites de la paciencia de Dios. La misericordia de Dios no significa que podamos ignorarlo para siempre, como el hombre que planea expresar su fe en su lecho de muerte. ¿Qué pasa si la muerte llega demasiado rápido para una confesión? Además, debido a que un árbol es conocido por sus frutos, Dios es muy consciente de que el buen fruto en una persona proviene de un buen corazón, que necesita ser cultivado. Más que nada, la Higuera Estéril es una parábola sobre la formación cristiana.

En el Fariseo y el Publicano, encontramos un Dios soberano que favorece a los creyentes humildes. La humildad ante Dios claramente triunfa sobre la simple adoración, porque tanto el fariseo como el publicano son presumiblemente hombres devotos que ofrecen oración en el templo.

Apartándonos de las parábolas por un minuto, ¿Cómo enseña la Biblia de manera más general que debemos expresar misericordia?

Sodoma y Gomorra

La historia de la destrucción de Sodoma y Gomorra a menudo se interpreta principalmente en términos del juicio de Dios sobre estas dos ciudades por su pecado sexual, incluido el pecado homosexual. Sin embargo, el contexto de la historia es un diálogo entre Dios y Abraham que comienza con:

> Pero el SEÑOR dijo: ¿Ocultaré a Abraham lo que voy a hacer? Porque ciertamente Abraham llegará a ser una nación grande y poderosa, y en él

serán benditas todas las naciones de la tierra. (Gn 18:17–18)

Si bien el juicio de las ciudades es de actualidad, la historia se centra en el manejo que hizo Abraham de la revelación de Dios. ¿Qué hace Abraham? Abraham inmediatamente intercede por Sodoma y Gomorra, expresando misericordia por el pueblo de Sodoma y Gomorra en oración.

La frase clave en la intercesión de Abraham es: «¿En verdad destruirás al justo junto con el impío?» (Gn 18:23) Dios no perdona las ciudades, pero expresa misericordia a Abraham enviando a su ángel a rescatar a Lot, el sobrino de Abraham, y a su familia.

En este pasaje, Dios revela su juicio a Abraham, un sustituto del resto de nosotros, para ver cómo reaccionará Abraham. En este ejemplo, Abraham pasa la prueba cuando muestra compasión por las ciudades e involucra a Dios en oración intercesora.

El Profeta Reacio

¿Cuántos de nosotros pasaríamos la prueba que Dios le hizo a Abraham? En las Escrituras, el contraejemplo de Abraham surge en la historia del profeta Jonás. En este breve cuento leemos:

La palabra del SEÑOR vino a Jonás, hijo de Amitai: Levántate, ve a Nínive, la gran ciudad, y proclama contra ella, porque su maldad ha subido hasta mí. (Jon 1:1–2)

La revelación de Dios a Jonás es similar a la de Abraham. Nínive es otra ciudad malvada que Dios le dijo a su profeta que destruiría. Pero a diferencia de Sodoma y Gomorra, Dios ofrece misericordia a la ciudad al enviar a Jonás a «Proclamar contra ella.»

Nínive era la ciudad natal de Senaquerib rey de Asiria, quien se había apoderado de toda Judea, excepto Jerusalén (Is 36:1). Jonás odiaba a los ninivitas y, en lugar de ir a predicarles la misericordia de Dios, se subió a un barco para escapar de Dios y su misión. Entonces, como todo niño de escuela dominical sabe, se desató una tormenta, los marineros arrojaron a Jonás por la borda y fue tragado por una ballena que, después de tres días, lo escupe en la playa. Luego Dios repite su pedido de que Jonás vaya a Nínive.

En esta respuesta, Jonás recita Éxodo 34:6, que relata los rasgos del carácter de Dios. Sabiendo que Dios es misericordioso, Jonás se negó a predicar el arrepentimiento a los ninivitas, pero luego lo hace de mala gana y se arrepienten, evitando la ira de Dios, para gran consternación

Misericordia – 55

de Jonás (Jon 3:10, 4:1).

Juicio y Misericordia en los Últimos Tiempos

Sabiendo que somos benditos a ser una bendición y que Dios comparte sus planes de juicio con nosotros a través de las Escrituras y la revelación, nuestra actitud hacia aquellos que están bajo juicio debería cambiar. El juicio de quienes están fuera de la comunidad de fe es una prueba de los corazones de quienes están dentro de la comunidad. Piense en la profecía de Juan sobre el fin de los tiempos:

> Las naciones se enfurecieron, y vino tu ira y llegó el tiempo de juzgar a los muertos y de dar la recompensa a tus siervos los profetas, a los santos y a los que temen tu nombre, a los pequeños y a los grandes, y de destruir a los que destruyen la tierra. (Ap 11:18)

¿Aplaudimos la destrucción de los pecadores, como Jonás, o intercedemos en oración, como Abraham? Las Escrituras muestran claramente que el corazón de Dios corre hacia la misericordia más rápido que el nuestro, lo que puede explicar por qué el Nuevo Testamento le da alta prioridad a la evangelización.

∞

Dios Todopoderoso,

Toda alabanza y honra, poder y dominio, verdad y

justicia son tuyos, porque ofreces misericordia a los pecadores sin prejuicios y nos muestras misericordia en nuestras debilidades y vergüenzas.

Confesamos que nunca somos tan misericordiosos como tú, aunque hemos sido destinatarios de tu misericordia desde que Jesús murió en la cruz para pagar nuestra pena por el pecado.

Gracias por el regalo de la vida, la salud, la familia y todo tipo de bendiciones. Ayúdanos a permanecer agradecidos y a compartir tus buenas noticias con quienes nos rodean.

En el poder de tu Espíritu Santo, concédenos la fuerza para seguir tu ejemplo siendo misericordiosos con los demás y compartir tu paz.

En el precioso nombre de Jesús, Amén.

∞

Preguntas
1. ¿Cuál de las parábolas de Jesús hablan misericordia a tu vida?
2. ¿Cuál es el contexto de la historia de Sodoma y Gomorra?
3. ¿Por qué intentó Jonás huir de Dios?
4. ¿Cuál debería ser nuestra actitud ante los pecadores que se acercan al fin de los tiempos?

GRACIA

El Tesoro Escondido

> *El reino de los cielos es semejante*
> *a un tesoro escondido en el campo,*
> *que al encontrarlo un hombre, lo vuelve a esconder,*
> *y de alegría por ello, va, vende todo lo que tiene*
> *y compra aquel campo.*
> (Mt 13:44)

La segunda característica de Dios en Éxodo 34:6 es la gracia. Philip Yancy (1997, 14) escribe: «Rastrea las raíces de la gracia, *o charis* en griego, y encontrarás un verbo que significa me regocijo, me alegro.» Si la gracia es una bendición inmerecida, entonces la gracia es en ninguna parte más evidente que en los milagros de curación y resurrección que realizó Jesús.

Como se analizó anteriormente, la gracia se diferencia de la misericordia en que implícitamente requiere una relación más estrecha, como será más obvio en las discusiones siguientes.

Resurrección del Hijo de la Viuda

Considere la historia del hijo de la viuda:

> Y cuando se acercaba a la puerta de la ciudad, sacaban fuera a un muerto, hijo único de su madre, y ella era viuda; y un grupo numeroso de la ciudad estaba con ella. Al verla, el Señor tuvo compasión de ella, y le dijo: No llores. Y acercándose, tocó el féretro; y los que lo llevaban se detuvieron. Y Jesús dijo: Joven, a ti te digo: ¡Levántate! El que

> había muerto se incorporó y comenzó a hablar, y Jesús se lo entregó a su madre. (Lc 7:12–15)

Sabemos que esta resurrección es un acto de gracia absoluta, porque la madre y el hijo no han hecho nada para merecer este milagro. De hecho, no sabemos nada sobre ellos, segun el relato excepto que la madre es viuda y el niño muerto es su único hijo.

El hecho de que el hijo de la viuda sea hijo único sugiere que la viuda es especialmente indigente en una cultura dominada por los hombres—la viuda no tiene a nadie que la apoye o la defienda legalmente. No puede heredar propiedades y probablemente tendrá que mendigar o prostituirse para sobrevivir. Esta historia nos recuerda la resurrección que ocurrio por medio del profeta Elias del hijo de la viuda de Sarepta. (1 R 17) y la preocupación especial de Dios por las viudas en general (Ex 22:22).

De más está decir que si la viuda lo merece es únicamente por su condición de viuda, no por acción alguna de su parte. En la resurrección de Lázaro, que llevaba cuatro días muerto y sepultado, este punto se enfatizó aún más: ¿cuánta fe tenía Lázaro? (Metaxas 2015, 72) No se nos dice. La resurrección fue un acto de gracia divina, no de misericordia o restitución por los servicios prestados.

Las muchas historias de la sanación y resurrección que se encuentran en los Evangelios también nos aseguran que Jesús es divinamente clemente.

Tesoro Escondido

La parábola de Jesús sobre el Tesoro Escondido también apunta a la gracia de Dios, pero también sugiere que nuestra respuesta a la gracia es importante.

Curiosamente, en la parábola citada anteriormente no se nos dice qué es este tesoro. Podríamos imaginar esta historia como la de un hombre que, al arar un campo alquilado, desentierra una olla llena de monedas de oro. La idea central aquí es que el tesoro de esta historia es una ganancia inesperada, totalmente inmerecida pero que requiere una mayor inversión para obtener la ganancia.

Al igual que Bill Gates, yo jugaba con computadoras a principios de la década de 1970, pero a diferencia del Sr. Gates, no invertí en computadoras ni imaginé el desarrollo de una computadora personal. Yo era como el hombre que oró a Dios para ganar la lotería sólo para escuchar una voz del cielo que le aconsejaba que ¡Comprara un billete de la lotería! ¿Cuántos de nosotros hemos querido el tesoro, pero no hemos estado dispuestos a arriesgarnos a realizar una inversión?

En caso de que no entendiéramos lo que quería decir, Jesús contó una segunda parábola como la primera: "El reino de los cielos también es semejante a un mercader que busca perlas finas, y al encontrar una perla de gran valor, fue y vendió todo lo que tenía y la compró. (Mt 13:45–46). A estas dos parábolas les sigue una tercera parábola que destaca el juicio de Dios.

Dios no dispensa milagros y gracia en balde. Muchas veces la gracia de Dios requiere acción de nuestra parte para recibir la bendición. Es como si el estudiante de medicina que completa su carrera necesitara practicar la medicina para aprovechar los beneficios de su formación. Un milagro es una señal de la presencia de Dios en nuestras vidas: ¿Cómo responderemos?

∞

Padre Justo,

Te alabamos por tus muchos milagros y otras bendiciones que no merecemos.

Confesamos que somos tan indignos que ni siquiera reconocemos cuando somos bendecidos.

Es como el inversionista en acciones que tuvo suerte, pero pensó que fue por su inteligencia e imprudentemente lo perdió todo.

Gracias por tu disposición a perdonar nuestros corazones endurecidos y nuestras mentes nubladas.

En el poder de tu Espíritu Santo, perdona nuestras respuestas ingratas y nuestros pensamientos tontos. Ten paciencia con nosotros y danos corazones enseñables. Que nuestras lecciones se aprendan en lugar de conducirnos a nuestra perdición.

En el precioso nombre de Jesús, Amén.

∞

Preguntas
1. ¿Cómo defines la gracia? ¿En qué se diferencia de la misericordia?
2. ¿Dónde vemos la gracia manifestada en el Nuevo Testamento?
3. ¿En qué parte de tu vida has encontrado o perdido un tesoro escondido?
4. ¿Por qué la gracia requiere una respuesta?

Oveja Perdida

> *Vete a tu casa, a los tuyos,*
> *y cuéntales tales cuán grandes cosas el Señor ha hecho por ti,*
> *y cómo tuvo misericordia de ti.*
> (Mc 5:19)

La idea de que la gracia viene acompañada de obligaciones molesta a muchos cristianos, que cuestionan cualquier doctrina que consideren incompatible con un «Dios amoroso.» Doctrinas como el pecado original, la elección y el juicio no concuerdan bien con su imagen de Dios. Para ellos, la gracia significa salvación universal, lo que implica que cualquier obligación impuesta por la gracia es simplemente inaceptable.

Dietrich Bonhoeffer criticó el problema de la «gracia barata,» que definió como:

> La predicación del perdón sin requerir arrepentimiento, el bautismo sin disciplina eclesiástica, la comunión sin confesión, la absolución sin confesión personal. La gracia barata es gracia sin discipulado, gracia sin cruz, gracia sin Jesucristo vivo y encarnado. (Bonhoeffer 1995, 44–45).

Bonhoeffer está claramente en minoría hoy porque prácticamente cada servicio de adoración donde se ofrecen oraciones confesionales es seguido inmediatamente por una declaración pastoral de perdón universal. Peor aún, autores influyentes, como Jack Rogers, han llegado incluso a abogar formalmente por que la Biblia se interprete en relación con el mandamiento del doble amor (Mt 24:36-40), menospreciando cualquier versículo que sea inconsistente con su interpretación licenciosa del amor. (Rogers 2009, 65).

La Curación del Hombre con un Espíritu Inmundo

Puntos de vista divergentes sobre la gracia de Dios se encuentran en el centro del conflicto cultural dentro de la iglesia actual. Interpretar los milagros y las parábolas de Jesús puede ofrecer una idea de este conflicto.

Consideremos la curación del hombre con un espíritu inmundo, que aparece en los tres evangelios sinópticos (Mateo, Marcos y Lucas), y en cada caso sigue el relato de la tormenta en Galilea. La versión de Marcos es la más larga y ofrece detalles de evidente interés para el lector moderno.

Sólo en Marcos aprendemos que la travesía de Galilea involucró a varias embarcaciones y tuvo lugar por la tarde. Quizás esta sea una razón por la cual Jesús estaba durmiendo en el barco (Mc 4:35–36). También aprendemos que este hombre se corta con piedras (Mc 5:5), lo que implica que era un cortador y probablemente un adolescente.

Nuestros corazones están con los adolescentes que se cortan, una aflicción en la que el dolor emocional es tan grande que el dolor físico es más fácil de soportar. Este hombre probablemente sufrió abusos o pasó por algún otro trauma, como ser niño soldado o huérfano. El relato de Marcos nos deja una impresión muy diferente a la de Lucas o Mateo, donde se describe al hombre como endemoniado. También sugiere por qué Jesús hizo todo lo posible para sanar a este hombre.

La gracia en los relatos de Marcos y Lucas incluye la estipulación citada anteriormente (Mc 5:19). El hombre es curado e inmediatamente Jesús le encarga evangelizar a la gente de la región de Decápolis. La Decápolis recibió su nombre de diez ciudades romanas independientes (Mc 5:20). Esta es una petición notable porque el único conocimiento que este hombre tenía de Jesús era su propia curación y toda la región era predominantemente gentil, no judía. La cría de cerdos, que desempeña un papel importante en la curación de este hombre, era en gran medida desconocida entre los judíos debido a las restricciones dietéticas.

Parábola de las Ovejas Perdidas

Si bien la gracia en la curación del hombre con el espíritu inmundo fue seguida por una petición de que el hombre evangelizara su ciudad natal, la Parábola de la Oveja Perdida proporciona un contraejemplo importante. Considere la parábola:

> ¿Qué hombre de ustedes, si tiene cien ovejas y una de ellas se pierde, no deja las noventa y nueve en el campo y va tras la que está perdida hasta que la halla? Al encontrarla, la pone sobre sus hombros, gozoso. Cuando llega a su casa, reúne a los amigos y a los vecinos, diciéndoles: Alégrense conmigo, porque he hallado mi oveja que se había perdido. Les digo que de la misma manera, habrá más gozo en el cielo por un pecador que se arrepiente que por noventa y nueve justos que no necesitan arrepentimiento. (Lc 15:4–7)

Una lectura de esta parábola es que no se puede esperar que las ovejas respondan a su recuperación por parte del pastor, como en el caso del hombre con el espíritu inmundo. Parece ser perdón sin arrepentimiento.

Una lectura más sutil de este pasaje surge cuando Jesús se refiere a sus seguidores como su rebaño. Jesús dice en su sermón: «Cuando saca todas las suyas, va delante de ellas, y las ovejas lo siguen porque conocen su voz … Yo

Gracia – 69

soy el buen pastor, y conozco mis ovejas y ellas me conocen.» (Jn 10:4, 14) La inferencia aquí es que la gracia es seguida por la fe entre aquellos elegidos para la salvación.

La Curación de los Diez Leprosos

Vemos esta respuesta en la curación de los diez leprosos (Lc 17:12–19). Jesús dijo:

> Cuando el los vio, les dijo: Vayan y muéstrense a los sacerdotes. Y sucedió que mientras iban, quedaron limpios. Entonces uno de ellos, al ver que había sido sanado, se volvió glorificando a Dios en alta voz. Cayó sobre su rostro a los pies de Jesús, y le dio gracias; y éste era Samaritano. Jesús le preguntó: ¿No fueron diez los que quedaron limpios? Y los otros nueve, ¿dónde están? (Lc 17:14–16)

Lo interesante aquí es que la curación requería una estipulación: «Vayan y muéstrense a los sacerdotes.» También hay una respuesta: El samaritano volvió a agradecer a Jesús, lo que se describe como un acto de fe. Los diez fueron sanados, pero sólo uno mostró fe.

Recientemente hemos experimentado una curación similar. En 2021, los investigadores desarrollaron una vacuna contra el virus corona en menos de un año. Este avance no tuvo precedentes y puede haber salvado millones de vidas en todo el mundo. ¿Fue esto simplemente otro descubrimiento científico o fue la mano de Dios obrando en nuestra generación? Por mi, he descrito con frecuencia los avances científicos como los huevos de Pascua de Dios: Pequeños chocolates que escondemos donde sabemos que nuestros hijos los encontrarán.

∞

Amado Señor Jesús,

Te alabamos por tu vida de servicio, tu muerte en la cruz y tu resurrección para darnos la esperanza de la salvación.

Perdónanos cuando no somos modelo de tu vida de sacrificio y descuidamos compartir tu amor con quienes nos rodean.

Gracias por las muchas bendiciones de esta vida, incluyendo la vida, la salud, la familia y el trabajo.

En el poder de tu Espíritu Santo, concédenos fuerza para una vida de sacrificio, gracia para aquellos con quienes nos encontramos y la paz que sobrepasa todo entendimiento.

En el precioso nombre de Jesús, Amén.

∞

Preguntas
1. ¿Qué es la gracia barata? ¿Por qué la gracia se ha vuelto controversial en la iglesia?

2. ¿Dónde vivía el hombre que tenía el espíritu inmundo? ¿Por qué es interesante?
3. ¿Qué es un cortador? ¿Por qué esto cambia nuestra visión de esta curación?
4. ¿Por qué importa lo qué es una oveja en la parábola de la oveja perdida de Jesús?

Pecado como Enfermedad

> *Los sanos no tienen necesidad de médico,*
> *sino los que están enfermos.*
> *No he venido a llamar a justos,*
> *sino a pecadores al arrepentimiento.*
> (Lc 5:31–32)

La parábola de Jesús sobre el Médico y los Enfermos se encuentra en tres evangelios (Mc 2:17, Mt 9:12–13, Lc 5:31–32). En cada caso, la parábola va acompañada de una declaración sobre su misión: «No he venido a llamar a justos, sino a pecadores al arrepentimiento.» Este emparejamiento convierte la parábola en un doblete, una forma de poesía hebrea, donde la primera frase es reformulada por la segunda. En otras palabras, los sanos son justos mientras que los enfermos son pecadores. El papel de Jesús en esta parábola es el de médico.

Otro ejemplo de este binomio de curación y perdón de pecados lo presenciamos en la curación del paralítico, que también se encuentra en tres evangelios (Mc 2:9, Mt 9:5, Lc 5:23) y en cada caso se encuentra cerca de la Parábola del Médico y del Enfermo. La frase clave en cada cuento es: «¿Qué es más fácil, decir al paralítico: Tus pecados te son perdonados, o decirle: Levántate, toma tu camilla y anda?» (Mc 2:9) El argumento es de lo mayor (curación física) a lo menor (perdón de pecados). La pregunta es retórica porque Jesús ya sabe lo que hará.

La gracia extendida al paralítico cumple un punto didáctico importante: Jesús tiene el poder de perdonar los pecados, como se sugiere en la parábola del médico y los enfermos (Lc 5:32). Esta es una pretensión de divinidad, como se señala en el Evangelio de Marcos: «¿Quién puede perdonar pecados, sino sólo Dios?» (Mc 2:7) Este es un ejemplo de un milagro que funciona como señal de la presencia de Dios porque sólo un Dios clemente y amoroso anularía las reglas del universo para sanar a alguien. La única petición que se le hizo al paralítico fue: «Levántate, toma tu camilla y vete a tu casa.» (Lc 5:24)

Pecado como una Enfermedad

Es interesante que Jesús trate el pecado como una enfermedad, de manera muy similar al paralelo moderno de tratar las adicciones como una enfermedad. Si el pecado es una enfermedad, entonces se abandona la vergüenza y se le permite al pecador aceptar el perdón. La vergüenza suele ser una barrera para la curación y el perdón, ya que los responsables están excluidos de las relaciones normales con la familia y la comunidad.

Jayson Georges (2017, 10-11) ve tres culturas espirituales que aparecen como respuestas al pecado: culpa, vergüenza y miedo:

1. Culturas de culpa e inocencia que se enfocan en la respuesta de un individuo ante la infracción de la ley y la búsqueda de justicia.
2. Culturas de vergüenza y honor que se enfocan en cumplir las expectativas del grupo y restaurar el honor cuando se violan las normas.
3. Culturas de miedo y poder que se enfocan en el miedo al mal y buscan poder sobre el mundo espiritual a través de magia, hechizos, maldiciones y rituales.

Tratar el pecado como una enfermedad en una cultura de culpa e inocencia lo exime de una violación legal. En una cultura de vergüenza y honor lo exime de vergüenza. En una cultura de miedo y poder lo exime de una maldición. En cada caso, tratar el pecado como una enfermedad permite que se produzca una curación que de otro modo no sería posible, ya que quienes están en el poder pierden su derecho sobre el pecador.

El impacto de tratar el pecado como una enfermedad es particularmente importante al tratar con los pecados que nos acosan. Son pecados con características de adicción que nos atrapan y esclavizan durante largos períodos de tiempo. Aquí encontramos cosas como pecados sexuales, pecados relacionados con el dinero y el poder sobre los demás, y actitudes que excluyen el perdón.

Ver a Jesús como un dispensador de gracia, sanación y perdón lo coloca en un vórtice cultural-espiritual, donde la estructura de poder de la cultura se ve amenazada. Cuando Jesús ofrece gracia, sana y perdona, los normalmente responsables de tales actividades se ven privados de su estatus habitual y se puede esperar que respondan con ataques violentos. No es de extrañar que la vida de Jesús estuviera en peligro cuanto más reales se volvían sus milagros de curación (por ejemplo, Mc 3:1–6).

∞

Dios Todopoderoso, Gran Médico, Espíritu de Verdad,

Toda alabanza y honra, poder y dominio, verdad y justicia son tuyos, porque escuchas nuestras aflicciones, sanas nuestras enfermedades y nos liberas del temor. Sea siempre cerca.

Perdona nuestras debilidades, nuestra credulidad y nuestra incapacidad para decir no al pecado. Sea siempre cerca.

Gracias por las muchas bendiciones, las bendiciones que vemos y las bendiciones ocultas de nuestros ojos cuando simplemente somos fieles. Sea siempre cerca.

En el poder de tu Espíritu Santo, aparta nuestros ojos del pecado, sana nuestros cuerpos y acércanos a ti en los buenos y en los malos momentos.

En el precioso nombre de Jesús, Amén.

∞

Preguntas
1. ¿Por qué es tan poderoso el tratamiento que Jesús da al pecado como enfermedad?
2. ¿Cuáles son los tres tipos de culturas espirituales?
3. ¿Qué es un pecado que nos acosa?
4. ¿Qué es un doblete de parábola?

Gracia Contendiente

> *Ningún siervo puede servir a dos señores,*
> *porque o aborrecerá a uno y amará al otro,*
> *o se apegará a uno y despreciará al otro.*
> *No pueden servir a Dios y a las riquezas.*
> (Lc 16:13)

Lázaro y el Rico es una parábola en forma de una larga historia de dos hombres: un pobre mendigo llamado Lázaro y un hombre rico, cuyo nombre no se menciona. Esta parábola aparece sólo en Lucas 16 y sigue otra historia sobre un administrador infiel y sin escrúpulos. Esta historia previa concluye con la declaración proverbial anterior: «No pueden servir a Dios y a las riquezas.» El contexto de esta historia anterior sugiere que los fariseos obsesionados con el dinero son los que están siendo criticados en la historia anterior. También se critica al hombre rico de la parábola.

Si la gracia es una bendición inmerecida, entonces la parábola de Lázaro y el Hombre Rico es una historia de actos de gracia contendiente. Leemos:

> Había cierto hombre rico que se vestía de púrpura y lino fino, celebrando cada día de fiestas con esplendidez. Y un pobre llamado Lázaro que se tiraba en el suelo a su puerta cubierto de llagas. (Lc 16:19–20)

Inicialmente no se explican ninguno de los actos de la gracia soberana de Dios, pero aprendemos más sobre el hombre rico a medida que se desarrolla la historia. Leemos:

> Sucedió que murió el pobre y fue llevado por los ángeles al seno de Abraham; y murió también el rico y fue sepultado. En el Hades (la región de los muertos) el rico alzó sus ojos, estando en tormentos, y vio a Abraham a lo lejos, y a Lázaro en su seno. (Lc 16:22–23)

Sentimos desconcierto en los ojos del hombre rico mientras mira desde el Hades a Lázaro disfrutando del seno de Abraham. Este reverso de roles es inesperado y sorprende. El hombre rico interroga a Abraham y le pide que advierta a sus cinco hermanos. Abraham responde: «Ellos tienen a Moisés y a los Profetas; que los oigan a ellos.» (Lc 16:29)

Curiosamente, nunca se nos dice por qué Lázaro merecía el cielo, sólo que el hombre rico no prestó atención a las enseñanzas de Moisés y los profetas sobre cómo lidiar con el juicio divino. Sin embargo, dado el contexto de la parábola, podemos suponer que debemos amar a Dios, no al dinero (Lc 16:13), a diferencia de los fariseos. La calidad de nuestra relación con Dios es la clave.

Gracia en la Parábola

Para Lázaro, la gracia significa un reverso de suerte en la muerte. Dios se apiada de él en la muerte por su sufrimiento inmerecido en vida. Esta es una expectativa común de lo que significa ir al cielo.

Para el hombre rico, la gracia significa prosperidad en la vida con la condición de que ame a Dios, no al dinero, y preste atención a Moisés y a los Profetas. Esta expectativa del juicio divino es rechazada por la mayoría de las personas hoy en día, que prefieren creer en la salvación universal.

La historia no dice nada sobre la relación de Lázaro con Dios y su actitud hacia Moisés y los profetas. Esto refuerza la percepción de que la parábola está dirigida a los fariseos y los critica, como ocurre con la historia anterior.

Gracia en Relación

La idea de que la gracia de Dios se dispensa en el contexto de la relación es explícita en la Parábola de los Dos Hijos, generalmente llamada Parábola del Hijo Prodigo. En la parábola, el hijo menor pide su herencia anticipadamente y la utiliza para vivir desenfrenadamente en un país extranjero, mientras que el hijo mayor permanece en casa y trabaja para este padre. En este punto, ninguno de los hijos ama a su padre.

Después de quedar indigente, el hijo menor regresa a casa para pedir perdón a su padre. Esto deja al hijo mayor aún más amargado, tanto con su hermano como con su padre por aceptarlo de nuevo. Para el hijo menor, este episodio representa una historia de mayoría de edad en la que aprende a amar a su padre, algo que su hermano mayor nunca logra (Lc 15:11–32).

En la parábola de los dos hijos, el padre modela la gracia de Dios en dos casos arquetípicos representados por los dos hijos. En ambos casos, el padre ofrece justicia restaurativa—gracia diseñada para permitir el crecimiento—donde podría haber impartido justicia penal si los hijos no hubieran tenido una relación.

La justicia restaurativa tiene sentido para los cristianos porque muchos de nosotros hemos conocido a Cristo durante toda nuestra vida, pero era nueva para la audiencia de Jesús. La expectativa en ese momento era: «Este hijo nuestro es terco y rebelde, no nos obedece, es glotón y borracho. Entonces todos los hombres de la ciudad lo apedrearán hasta que muera.» (Dt 21:20–21) Una lectura del pasaje—«Cuando todavía estaba lejos, su padre lo vio y sintió compasión por él, y corrió, se echó sobre su cuello y lo besó» (Lc 15:20)—es que el padre estaba protegiendo a su hijo de una comunidad más acostumbrada a lapidar a los hijos rebeldes que a ofrecerles restauración. En este contexto, la respuesta del padre es inesperada: un alejamiento radical de la costumbre local.

La gracia que Jesús muestra en la Parábola del Hijo Pródigo es culturalmente inesperada. Es transformador porque permite la renovación de la relación y la oportunidad de crecimiento personal. Debido a que la iglesia típicamente ha interpretado esta parábola alegóricamente, el padre es un sustituto de Dios y se espera que nos identifiquemos con el hijo menor. Por lo tanto, la relación renovada se considera nuestra relación con Dios y, por inferencia, un modelo para nuestra relación con todos los demás.

∞

Padre Dios,

Toda alabanza y honor, poder y gloria, verdad y justicia son tuyos, porque nos ofreces un refugio que nos permite crecer y convertirnos en adultos en un mundo más acostumbrado a jóvenes raquíticos y relaciones amargas. Se siempre cerca.

Perdónanos nuestra arrogancia juvenil, nuestra rebelión orgullosa y nuestra codicia desenfrenada.

Gracias por el regalo de tu hijo, nuestro salvador Jesucristo, que vivió enseñándonos a amarnos unos a otros, sanó nuestras heridas, murió en la cruz por nuestros pecados y resucitó de entre los muertos para que tengamos vida.

En el poder de tu Espíritu Santo, enséñanos a modelar la gracia y el amor de Jesucristo para todos los que conoscamos. Concédenos un espíritu de verdad y santidad.

En el precioso nombre de Jesús, Amén.

∞

Preguntas
1. ¿Quién era Lázaro?
2. ¿Por qué el hombre rico se sorprendió de su condición al morir?
3. ¿Qué es la justicia restaurativa? ¿En qué se diferencia de la justicia penal?
4. ¿Por qué es sorprendente la aceptación del padre hacia hijo pródigo?

Aplicando la Gracia

Pero Dios demuestra su amor para con nosotros, en que, siendo aún pecadores, Cristo murió por nosotros.
(Ro 5:8)

*E*n las parábolas examinadas, comenzamos a ver la naturaleza de la gracia de Dios.

Mientras la gracia de Dios es una bendición inmerecida, la parábola de Jesús del Tesoro Escondido sugiere que nuestra respuesta a la gracia es importante (Mt 13:44). Al igual que un don espiritual, una bendición llena de gracia es de poca utilidad si la escondemos y no la utilizamos. Es como si nos hubieran dado el informe bursátil de la mañana, pero no compramos acciones para aprovechar esa información.

Responder a la gracia de Dios es importante para comprender la Parábola de la Oveja Perdida. Es más probable que encuentren las ovejas perdidas si escuchan la voz del pastor. Jesús dijo: «Yo soy el buen pastor, y conozco Mis ovejas y ellas Me conocen.» (Jn 10:14) Como en la curación de los Diez Leprosos, es importante seguir las instrucciones del pastor: «Vayan y muéstrense a los sacerdotes.» (Lc 17:14)

En la parábola del médico y los enfermos, encontramos a Jesús tratando bondadosamente el pecado como una enfermedad (Lc 5:31–32). Esta reimaginación del pecado elimina la culpa, la vergüenza y la maldición del pecado para sanar nuestros corazones y nuestras relaciones. Esto hace posible la reforma y el cambio.

La Parábola de Lázaro y el Hombre Rico en Lucas 16 muestra la gracia en diferentes contextos, tanto en la vida como en el más allá. La culpa del hombre rico es que no dio gracias a Dios por sus bendiciones en esta vida y no se preparó para la otra vida.

En la Parábola de los Dos Hijos, vemos a Dios usando la gracia para permitir que el hijo pródigo encuentre el error de sus caminos y llegue a amar a su padre. (Lc 15:11–32)

Esta parábola habla de nuestra propia reunión con Dios hecha posible por la muerte de Jesús en la cruz.

En cada una de estas parábolas, vemos a Dios usando la gracia estratégicamente para animarnos, guiarnos y hacernos crecer en el contexto de la relación. Ésta no es la gracia barata que Bonhoeffer (1995, 44–45) criticó. Más bien, la imagen que las parábolas y las historias de sanación pintan sobre la gracia es la de un Dios activista (inmanente) que interviene en nuestras vidas. El Dios de

Jesús no es desapegado ni distante (trascendente), como un titiritero o un hombre detrás de la cortina. Él es el padre cariñoso que asiste a todas nuestras actuaciones y juegos, observándonos en silencio y animándonos a alcanzar nuestro potencial.

Gracia Magnificada

Los dos ejemplos más significativos de la gracia de Dios son nuestra creación y salvación en Jesucristo que tuvo lugar mucho antes de nuestro nacimiento y que no se puede decir que seamos merecedores.

Si bien la creación a menudo se ve como un evento histórico en el pasado distante, también es un evento personal en nuestras propias vidas. Somos creados varón y hembra a la propia imagen de Dios, una imagen que ahora se muestra en la vida y el ministerio de Jesucristo. Los dones espirituales son únicamente personales y dan forma a nuestro destino. No somos empollados en una incubadora por una deidad distante o inexistente, sujeta a influencias y fuerzas aleatorias. Nuestra creación es uno de los actos más clemente de Dios.

Nuestra salvación mediante la muerte de Jesús en la cruz es otro acto inmerecido de la gracia de Dios. El Apóstol Pablo lo dice mejor:

> Porque mientras aún éramos débiles, a su tiempo Cristo murió por los impíos. Porque difícilmente habrá alguien que muera por un justo, aunque tal vez alguno se atreva a morir por el bueno. Pero Dios demuestra su amor para con nosotros, en que, siendo aún pecadores, Cristo murió por nosotros. (Ro 5:6–8)

La gracia sacrificial de Dios tiene lugar en el contexto de la relación, porque Dios no nos deja solos, sino que como ovejas necesitamos reconocer y seguir al pastor.

La gracia de Dios es como la lluvia que es fácil dar por sentada, pero absolutamente crucial para la vida—especialmente si eres agricultor—y que se echa desesperadamente de menos cuando falta.

∞

Clemente Padre,

Todo el honor y la gloria, el poder y el dominio, la verdad y la justicia son tuyos, porque tú nos creaste del polvo y nos redimiste con la muerte de Cristo en la cruz. Se siempre cerca.

Perdónanos por nuestra mala administración de tu creación y por la negación de tu salvación. Recuérdanos tu presencia.

Gracias por los dones espirituales que nos has brindado, el clima favorable con el que nos has bendecido y el ejemplo de tu hijo.

En el poder de tu Espíritu Santo, levanta la pandemia que nos ha azotado, ordena el caos que envuelve a nuestros líderes y elimina el espíritu desenfrenado de conflicto que ha arrojado su sombra sobre nosotros. Que podamos crecer para reflejar tu gracia a aquellos con quienes vivimos y nos encontramos todos los días.

En el precioso nombre de Jesús, Amén.

∞

Preguntas
1. ¿Cuál es tu ejemplo favorito de gracia en el Nuevo Testamento?
2. ¿Por qué los milagros curativos de Jesús son una señal de su gracia?
3. ¿Cuáles son los dos actos más importantes de la gracia de Dios?
4. ¿Cuál es tu parábola de gracia favorita?

PACIENCIA

Dos Constructores

El lento para la ira tiene gran prudencia,
Pero el que es irascible ensalza la necedad.
(Pr 14:29)

La tercera característica de Dios en Éxodo 34:6 es la paciencia.

Las palabras hebreas utilizadas aquí *areke affaim*, que literalmente significan fosas nasales largas. Las palabras a menudo se traducen como lento para la ira (ESV) o longanimidad (KJV). Piensa en la persona que respira profundamente y cuenta hasta diez antes de responder a un insulto. La Septuaginta traduce esta expresión como *macrothymos*, que significa «Ser autocontrolado ante la provocación, paciente, tolerante, ecuánime.» (BDAG 4685) Por sí sola, la palabra para fosa nasal se usa para presentar respeto mediante una reverencia, una inferencia más positiva en hebreo (por ejemplo, Gn 19:1). Proverbios equipara tal paciencia con gran entendimiento o sabiduría, lo opuesto es locura (Pr 14:29)

Paciencia como Paradigma

Dos aspectos de la paciencia, la sabiduría y el tiempo caracterizan muchas de las parábolas de Jesús.

El tema de sabiduría impregna prácticamente todas las parábolas de Jesús en el sentido de: «El temor del (La reverencia al) SEÑOR es el principio de la sabiduría; Los necios desprecian la sabiduría y la instrucción.» (Pr 1:7) De acuerdo con la definición de parábola tanto en griego como en hebreo, una parábola imparte sabiduría, muy parecida a los proverbios de Salomón. Las parábolas de Jesús tienen la característica especial de señalar también al oyente hacia Dios, lo que las ubica firmemente en la literatura sapiencial de la Biblia.

El aspecto temporal de la paciencia nos lleva a pensar antes de hablar. Considere la parábola de los dos constructores que se encuentra en Mateo y Lucas:

> Todo el que viene a mí y oye mis palabras y las pone en práctica, les mostraré a quién es semejante: Es semejante a un hombre que, al edificar una casa, cavó hondo y echó cimiento sobre la roca; y cuando vino una inundación, el torrente dio con fuerza contra aquella casa, pero no pudo moverla porque había sido bien construida. Pero el que ha oído y no ha hecho nada, es semejante a un hombre que edificó una casa sobre tierra, sin echar cimiento; y el torrente dio con fuerza contra ella y al instante se desplomó, y fue grande la ruina de aquella casa. (Lc 6:47–49)

El aspecto temporal de la parábola surge al anticipar eventos futuros, en este caso un diluvio, lo que refuerza el aspecto sabiduría. Incluso hoy en día, podemos ver muchas casas construidas en llanuras aluviales y bancos de arena del océano para luego ser inundadas y destruidas.

La Dimensión Escatológica de la Paciencia

Si bien la parábola de los dos constructores capta claramente la sabiduría común en los oficios de la construcción de la vida cotidiana, también tiene un carácter escatológico. En la Biblia, una casa puede referirse a un árbol genealógico o una dinastía. La escatología tiene que ver con el fin de los tiempos como se describe en las Escrituras. En la parábola, Jesús compara a alguien que escucha sus enseñanzas como el constructor, implicando que Jesús mismo es la roca sobre la cual se construirá la casa. El diluvio en esta parábola es fácilmente una metáfora de la muerte, como en el diluvio de Noé (Gn 7), donde la casa es presumiblemente toda la humanidad que descendió del linaje de Noé.

La paciencia es la raíz de la escatología. Debido a que Dios creó los cielos y la tierra (Gn 1), el tiempo también tendrá un fin cuando Cristo regrese. Muchas de las parábolas de Jesús nos llaman a anticipar su regreso. Si bien el regreso de Cristo tiene un aspecto futuro, informa cómo debemos vivir hoy. Como sabemos que la historia de la vida tendrá un final feliz, no debemos preocuparnos y podemos correr riesgos por el reino hoy.

Aplicación Práctica de la Paciencia

Si bien muchas personas satirizan el cristianismo como un pastel en el cielo, la fe promueve la paciencia y las investigaciones muestran que los niños que hoy son pacientes tienen muchas más probabilidades de tener éxito en la vida.

Walter Mischel exploró el misterio de la paciencia entre los niños de cuatro años. Aquellos que están dispuestos a renunciar a una sola golosina ahora por deferencia a dos en veinte minutos tienen muchas más probabilidades de tener éxito en la vida incluso años después. Mischel (2014, 3) informa:

> Cuantos más segundos esperaron a los cuatro o cinco años, mayores fueron sus puntuaciones en el SAT y mejor fue su funcionamiento social y cognitivo en la adolescencia. Entre los 27–32 años, aquellos que habían esperado más durante la Prueba Marshmallow en preescolar tenían un índice de masa corporal más bajo y un mejor sentido de autoestima, perseguían sus objetivos de manera más efectiva y afrontaban de manera más adaptativa la frustración y el estrés.

Estos impresionantes resultados a una edad temprana sugieren que la paciencia es una característica valiosa que presumiblemente puede enseñarse o aprenderse simplemente imitando a Jesús.

∞

Padre Paciente y Amoroso,

Toda alabanza y honor, poder y dominio, verdad y justicia son tuyos, porque tú creaste los cielos y la tierra y un día regresarás para traernos a casa.

Confesamos que no siempre esperamos pacientemente tus respuestas en oración ni actuamos como si creyéramos en tu regreso en el eschatón (el fin de los tiempos). Enséñanos paciencia.

Gracias por nuestra creación y los muchos dones espirituales que nos has dado.

En el poder de tu Espíritu Santo, concédenos santa paciencia para que vivamos expectantes de que cuando la vida nos bendiga con oportunidades, estemos listos para aprovecharlas.

En el precioso nombre de Jesús, Amén.

∞

Preguntas
1. ¿Cómo describe la paciencia el hebreo en Éxodo 34:6?
2. ¿Qué dos aspectos de la paciencia puedes nombrar?
3. ¿Qué tiene que ver la paciencia con el eschatón?
4. ¿Qué es la prueba del malvavisco?

Sembrador

> *Pero la semilla en la tierra buena,*
> *son los que han oído la palabra con corazón recto y bueno,*
> *y la retienen, y dan fruto con su perseverancia.*
> (Lc 8:15)

*L*a paciencia engendra un corazón de fe.

En la parábola del sembrador, que se encuentra en Mateo 13:3–23, Marcos 4:3–20 y Lucas 8:5–15, Jesús se compara a sí mismo con un granjero que siembra semilla:

> El sembrador salió a sembrar; y al sembrar, parte de la semilla cayó junto al camino, y vinieron las aves y se la comieron. Otra parte cayó en pedregales donde no tenía mucha tierra; y enseguida brotó porque no tenía profundidad de tierra; pero cuando salió el sol, se quemó; y porque no tenía raíz, se secó. Otra parte cayó entre espinos; y los espinos crecieron y la ahogaron. Y otra parte cayó en tierra buena y dio fruto, algunas semillas a ciento por uno, otras a sesenta y otras a treinta. El que tiene oídos, que oiga. Y acercándose los discípulos, dijeron a Jesús: ¿Por qué les hablas en parábolas? Jesús les respondió: Porque a ustedes se les ha concedido conocer los misterios del reino de los cielos, pero a ellos no se les ha concedido. Porque a cualquiera que tiene, se le dará más, y tendrá en abundancia; pero a cualquiera que no tiene, aun lo que tiene se le quitará. Por eso les hablo en parábolas; porque viendo no ven, y oyendo no oyen ni entienden. (Mt 13:3–9)

La vida de la agricultora comienza y termina con un corazón paciente. En el suelo rocoso de Palestina, no siempre es obvio dónde se excavará una piedra, lo que hace que el sembrar sea un juego de azar. El tiempo tampoco es fiable ni predecible. El Israel moderno tiene cosechas exuberantes, pero sólo donde hay riego disponible. El tiempo y la paciencia son necesarios para que un agricultor obtenga una cosecha.

En una discusión más profunda, Jesús explica que el fundamento de esta parábola es la palabra de Dios (por ejemplo, Lc 8:11), lo que hace de esta parábola una alegoría. Sustituyendo que el contexto revelado de la parábola en la predicación de la palabra de Dios aclara el significado de la parábola.

El Carácter de la Paciencia

Quizás se pregunte por qué elegí hablar de la paciencia en la Parábola del Sembrador.

La parábola no se trata de paciencia; la parábola trata sobre el carácter del suelo bueno y malo (Mt 13:19–23). La razón es ésta: no existe un agricultor impaciente. No se puede ser granjero sin paciencia. La agricultura requiere paciencia.

La parábola supone que el agricultor es paciente, lo que permite luego contar una historia sobre los suelos. No es casualidad que también se requiera tiempo y paciencia para ser un buen padre, una de las principales características de Dios que Jesús nos deja.

La Parábola del Trigo y la Cizaña

El relato de Mateo de la Parábola del Sembrador es seguido inmediatamente por una segunda historia agrícola, la Parábola del Trigo y la Cizaña—una cizaña es una hierba mala con semillas venenosas que se parece al trigo (BDAG 3384). La ley romana prohibía específicamente sembrar cizaña en los campos de trigo de un enemigo, lo que sugiere que esta parábola se basa en una práctica antigua asquerosa (Keener 2009, 386–387). Mateo escribe:

> El reino de los cielos puede compararse a un hombre que sembró buena semilla en su campo. Pero mientras los hombres dormían, vino su enemigo y sembró cizaña entre el trigo, y se fue. Cuando el trigo brotó y produjo grano, entonces apareció también la cizaña. Y los siervos del dueño fueron y le dijeron: Señor, ¿no sembró usted buena semilla en su campo? ¿Cómo, pues, tiene cizaña? El les dijo: Un enemigo ha hecho esto. Y los siervos le dijeron: ¿Quiere, usted, que vayamos y la recojamos? Pero él dijo: No, no sea que al recoger la cizaña, arranquen el trigo junto con ella. Dejen que ambos crezcan juntos hasta la cosecha; y al tiempo de la cosecha diré a los segadores: Recojan primero la cizaña y átenla en manojos para quemarla, pero el trigo recójanlo en mi granero. (Mt 13:24–30)

En la parábola, el dueño de la casa ordena específicamente a sus sirvientes que no arranquen las hierbas malas, para que no arranque también el trigo. Esta orden requiere que los siervos tengan paciencia para permitir que el trigo crezca.

El fruto de la paciencia en esta parábola es la fe, que es engendrada por un corazón educable. Suponemos que el juicio escatológico de Dios se difiere para que los fieles puedan ser revelados y los infieles aventados. La paciencia tiene sus límites en la parábola, ya que el aventamiento se realiza en el momento de la cosecha.

∞

Padre paciente,

Toda alabanza y honor, poder y dominio, verdad y justicia son tuyos, porque tu eres el padre clemente quien nos da tiempo para crecer y modelas la imagen en la que debemos crecer.

Perdona nuestra impaciencia. Pasa por alto nuestra juventud. Sana nuestros corazones pecaminosos porque no podemos moldear nuestras vidas según Cristo sin tu ayuda.

Gracias por los momentos y etapas de la vida en los que podemos dar pequeños pasos en tu dirección y ayudar a otros a seguirte.

En el poder de tu Espíritu Santo, protege a tu iglesia y nuestras vidas de los vientos de cambio sin sentido que arrastran el legado de los fieles que nos precedieron.

Concédenos más bien la fuerza para construir tu legado con el tiempo que nos has dado, y bendícenos con un avivamiento de la fe en esta generación.

En el precioso nombre de Jesús, Amén.

∞

Preguntas
1. ¿Por qué las ilustraciones agrícolas son un modelo de paciencia?
2. ¿Qué es una maleza? ¿Qué es la cizaña?
3. ¿Qué es el fruto de la paciencia?
4. ¿Por qué Dios difiere el juicio?

Los Talentos

Enséñanos a contar de tal modo nuestros días,
Que traigamos al corazón sabiduría.
(Sal 90:12)

Jesús nos enseña a esperar su regreso, una señal de paciencia. Marco 13:33 lee: «Estén alerta, velen; porque no saben cuándo es el tiempo señalado.» Asimismo, Lucas 12:35 hace eco de la Parábola de las Diez Vírgenes: «Estén siempre preparados y mantengan las lámparas encendidas.» Inmediatamente después de la Parábola de las Diez Vírgenes en Mateo 25, leemos la Parábola de los Talentos que no sólo nos aconseja a estar atentos, sino que nos guía sobre cómo centrar nuestras vidas en Dios mientras esperamos.

Tomar Riesgos por Cristo

La Parábola de los Talentos comienza con un consejo sobre estar alerta, pero luego continúa:

> Porque el reino de los cielos es como un hombre que, al emprender un viaje, llamó a sus siervos y les encomendó sus bienes. Y a uno le dio cinco talentos (108 kilos de plata), a otro dos y a otro uno, a cada uno conforme a su capacidad; y se fue de viaje. (Mt 25:14–15)

Luego se nos cuenta cómo los dos primeros siervos invirtieron el dinero del amo y duplicaron su capital, mientras que el tercer siervo enterró el dinero del amo.

Cuando el amo regresa, ajusta cuentas con cada uno de los sirvientes. Los dos primeros siervos presentan al amo su principal y las ganancias de sus inversiones. En ambos casos, el amo responde con la misma afirmación: «Bien, siervo bueno y fiel; en lo poco fuiste fiel, sobre mucho te pondré; entra en el gozo de tu señor.» (Mt 25:21)

En contraste con la toma de riesgos de los dos primeros siervos, el tercer siervo actúa por miedo:

> Señor, yo sabía que usted es un hombre duro, que siega donde no sembró y recoge donde no ha esparcido, y tuve miedo, y fui y escondí su talento en la tierra; miré, aquí tiene lo que es suyo. (Mt 25:24-25)

El amo llama a este sirviente "malo y perezoso" y repite como un loro la sugerencia del sirviente de que es un hombre duro, sugiriendo estar de acuerdo, pero continúa: «Debías entonces haber puesto mi dinero en el banco, y al llegar yo hubiera recibido mi dinero con intereses.» (Mt 25:27)

En pocas palabras, el amo sugiere que el tercer siervo es a la vez cobarde e imprudente, porque depositar el dinero en un banquero requiere aceptar poco riesgo de pérdida financiera. El amo toma el dinero dado al tercer siervo y se lo da al primero.

Luego, el tercer sirviente es descrito como inútil y condenado a perdición, un castigo demasiado severo para que la mayoría de la gente posmoderna lo quiera escuchar.

Lecciones sobre la Espera

¿Qué aprendemos de esta parábola? Lo primero que hay que tener en cuenta es el contexto. Inmediatamente después de la parábola de los talentos hay otra parábola del juicio, donde se separan las cabras y las ovejas. Luego, en el capítulo 26 de Mateo, leemos:

> Cuando Jesús terminó todas estas palabras, dijo a Sus discípulos: Ustedes saben que dentro de dos días se celebra la Pascua, y el Hijo del Hombre será entregado para ser crucificado. (Mt 26:1–2)

La implicación es que las tres parábolas del capítulo 25 se dan para preparar a los discípulos para la muerte, resurrección y segunda venida de Jesús. Las tres sugieren que los discípulos deberían estar atentos al regreso de Cristo, pero sólo la parábola de los talentos sugiere cómo pasar el tiempo mientras Jesús está ausente.

Sabiendo que Cristo regresará, la parábola sugiere que debemos ser alegres, no temerosos, en nuestro trabajo, asumiendo riesgos para hacer avanzar el reino de Dios.

Es como el jugador de ruleta que sabe cuál será el

siguiente número. La apuesta mide la confianza en el conocimiento, determina el nivel de ganancias, y sugiere una actitud adecuada. Los siervos buenos y fieles de Cristo son descritos como alegres tomadores de riesgos en lugar de temerosos acaparadores, que invierten con confianza los recursos del rey para obtener los mayores beneficios.

Dios de la Abundancia

Schlossberg (1990, 316) escribe: «Un mayordomo es el guardián de la propiedad que pertenece a otro. Un buen mayordomo cuida la propiedad y hace que produzca los ingresos adecuados.» En la Parábola de los Talentos (Mt 25:14–29), Jesús describe al buen mayordomo no sólo ganando ingresos (depositando con un banquero), sino también asumiendo riesgos para invertir la propiedad y obtener rendimientos superiores al promedio (duplicar el valor de la propiedad). Por el contrario, el mal administrador permite que la propiedad se deprecie, lo cual es la consecuencia inmediata del acaparamiento durante la inflación.

Este último punto es crítico. Servimos a un Dios de abundancia. En el Evangelio de Juan (Jn 2, 6, 21), vemos a un Dios que multiplica el vino, el pan y el pescado mucho más allá de lo esperado. Cuando modelamos nuestras vidas según este Dios, esperamos ser generosos y tomar riesgos por el reino porque esa es la imagen de Dios que se nos ha dado y queremos ser como Dios.

∞

Padre Sabio y Amoroso,

Toda alabanza y honor, poder y dominio, verdad y justicia son tuyos, porque nos enseñas paciencia cuando el mundo modela una impaciencia imprudente que conduce a la pobreza, la soledad y la lucha.

Confesamos que queremos que el mundo nos regale riquezas, honores y oportunidades sin esfuerzo, demora o inversión. No queremos demoras ni consejos que nos traigan las cosas que deseamos.

Gracias por ser paciente con nosotros y sentarte con nosotros como un padre amoroso mientras esperamos.

En el poder de tu Espíritu Santo, guarda nuestros corazones para que «Ni la muerte, ni la vida, ni ángeles, ni principados, ni lo presente, ni lo por venir, ni los poderes, ni lo alto, ni lo profundo, ni ninguna otra cosa creada nos podrá separar del amor de Dios que es en Cristo Jesús Señor nuestro.» (Ro 8:38-39)

En el precioso nombre de Jesús, Amén.

∞

Preguntas
1. ¿Cuál es la señal de la paciencia en el cristiano?
2. ¿Cómo debemos emplear nuestro tiempo mientras esperamos el regreso de Cristo?
3. ¿Cuál debe ser nuestra actitud en nuestro trabajo?
4. ¿Cómo representa a Dios el Evangelio de Juan?

Diez Vírgenes

> *Por eso, también ustedes estén preparados,*
> *porque a la hora que no piensan vendrá el Hijo del Hombre.*
> (Mt 24:44)

El Discurso del Monte de los Olivos (por ejemplo, Mc 13; Mt 24) describe declaraciones proféticas que Jesús comparte con sus discípulos justo antes de su arresto y crucifixión mientras estaban en el Monte de los Olivos y contemplaban Jerusalén. La profecía a menudo se toma como una actividad de pronóstico que describe eventos futuros, pero Jesús casi siempre habla del futuro como una forma de motivar cómo se debe vivir la vida hoy. Dos palabras que describen cómo vivir hoy podrían ser: Expectativa paciente. Los teólogos hablan de que el Reino de Dios ya está aquí y aún no (Ladd 1991, 68–69). La palabra proléptico captura esta idea de que el futuro se revela hoy (Ferguson 1997, 177).

Discurso del Monte de los Olivos

Considere esta breve parte del Discurso del Monte de los Olivos:

> Por eso, también ustedes estén preparados, porque a la hora que no piensan vendrá el Hijo del Hombre. ¿Quién es, pues, el siervo fiel y prudente a quien su señor puso sobre los de su casa para que les diera la comida a su tiempo? Dichoso (Bienaventurado) aquel siervo a quien, cuan-

do su señor venga, lo encuentre haciendo así. (Mt 24:44–46)

Aquí Jesús aconseja a sus discípulos que estén atentos a su regreso, atendiendo pacientemente a los deberes del hogar y no persiguiendo las diversas crisis que detalla:

> Ustedes van a oír de guerras y rumores de guerras. ¡Cuidado! No se alarmen, porque es necesario que todo esto suceda; pero todavía no es el fin. Porque se levantará nación contra nación, y reino contra reino, y en diferentes lugares habrá hambre y terremotos. (Mt 24:6–7)

Este mensaje se repite una y otra vez en el Discurso del Monte de los Olivos, la declaración profética más extensa de Jesús.

Expectativa paciente sugiere ser consciente de los tiempos y las estaciones, pero no perder la cabeza en medio del caos. El enfoque del Discurso del Monte de los Olivos es atender fielmente a nuestros deberes como discípulos de Cristo, sin obsesionarse con las crisis actuales o futuras, las profecías fantásticas o la segunda venida.

Profecía del Antiguo Testamento

En el Antiguo Testamento, vemos dos tipos de profetas: los profetas del pacto y los profetas de pleito del pacto. Los profetas del pacto son como Moisés y Natán, quienes interactúan con Dios para introducir nuevos pactos. Cuando Moisés recibe los Diez Mandamientos en el Monte Sinaí (Ex 20) o Natán comparte su sueño con el Rey David (2 S 7), funcionan como profetas del pacto. Los profetas de pleito del pacto, como Elías y Eliseo, recuerdan al pueblo y a su rey sus obligaciones bajo el pacto, especialmente las bendiciones y maldiciones que se encuentran en Deuteronomio 28. Si bien los profetas del pleito del pacto que profetizan fuego y azufre atraen la mayor atención, Jesús claramente funcionó como ambos tipos de profetas en el Discurso del Monte de los Olivos.

Una de las declaraciones clave del papel de un profeta distingue a Moisés de los profetas a quienes solo se les dan visiones y sueños:

> Oigan ahora mis palabras: Si entre ustedes hay profeta, Yo, el SEÑOR, me manifestaré a él en visión. Hablaré con él en sueños. No así con mi siervo Moisés; En toda mi casa él es fiel. Cara a cara hablo con él, Abiertamente y no en dichos oscuros, Y él contempla la imagen del SEÑOR. ¿Por qué, pues, no temieron hablar contra mi siervo, contra Moisés? (Nm 12:6–8)

Aquí el profeta sólo repite las palabras que le dio Dios, ya sea que las haya recibido en visión o en persona. De manera más general, la idea de un profeta como adivino, agorero, o pronosticador de acontecimientos futuros motiva la palabra griega profeta.

Más típicamente en el Nuevo Testamento, la referencia preferida al rol profético es Apóstol, que significa mensajero o enviado, para evitar confusión con el concepto griego de profeta.

El enfoque del profeta del Antiguo Testamento está en adherirse al pacto, no en pronosticar eventos futuros. Esto sugiere que el profeta del Antiguo Testamento y el profeta del Nuevo Testamento comparten un enfoque común en adherirse pacientemente a un estilo de vida fiel, especialmente en tiempos confusos.

La Parábola de las Diez Vírgenes

Vemos esta forma profeta modela en la Parábola de las Diez Vírgenes: «Entonces el reino de los cielos será semejante a diez vírgenes que, tomando sus lámparas, salieron a recibir al novio.» (Mt 25:1) Las vírgenes prudentes trajeron aceite extra; las imprudentes no lo hicieron. Cuando el novio se retrasa, las lámparas de las vírgenes imprudentes se quedaron sin aceite y fueron excluidas de la boda, una analogía con el cielo. En esta parábola, la paciencia se modela en la idea de estar preparado para cualquier cosa que suceda.

La parábola es más ampliamente una analogía con el lenguaje del Apocalipsis donde se describe a la iglesia como la novia de Cristo, quien es el novio: «Regocijémonos y alegrémonos, y démosle a él la gloria, porque las bodas del Cordero han llegado y su esposa se ha preparado.» (Ap 19:7) La importancia de la Boda del Cordero para la escatología cristiana sitúa el rasgo de carácter de la paciencia—uno de los frutos del espíritu según el apóstol Pablo (Ga 5:22)—en el corazón del Evangelio.

∞

Padre Todopoderoso,

Toda alabanza y honor, poder y dominio, verdad y justicia son tuyos, porque enseñas a vivir el hoy con historias sobre el futuro.

Perdónanos nuestra falta de voluntad para escuchar, reformar nuestras vidas en vista de tus enseñanzas y compartir nuestras lecciones con quienes nos rodean.

Gracias por el ejemplo de Jesucristo que habló en parábolas para informarnos sobre tu persona y las cosas que necesitamos saber para acercarnos más a ti.

En el poder del Espíritu Santo, guíanos por el camino de la salvación hoy, mañana y siempre.

En el precioso nombre de Jesús, Amén.

Preguntas
1. ¿Qué es el Discurso del Monte de los Olivos?
2. ¿Cómo habla Jesús sobre el futuro y la profecía?
3. ¿Cuáles son los dos tipos de profetas del Antiguo Testamento?
4. ¿Cuál es el enfoque de la parábola de las Diez Vírgenes?

Aplicando la Paciencia

> *Sean también ustedes pacientes. Fortalezcan sus corazones, porque la venida del Señor está cerca.*
> (St 5:8)

En las parábolas examinadas, comenzamos a ver la importancia de la paciencia de Dios.

En la Parábola de los dos Constructores encontramos la paciencia asociada con la buena planificación y la mano de obra experta. El constructor experto planifica para la inundación que, aunque inesperada, se espera a largo plazo. Poner un cimiento sobre una roca habla directamente a la preocupación actual sobre el calentamiento global porque una mayor turbulencia en el clima es el núcleo de la preocupación. De manera más general, construir sobre la roca de nuestra salvación se refiere a prestar atención a nuestro caminar de fe con el Señor.

En la Parábola del Sembrador, vemos que la ocupación de agricultor requiere paciencia. La agricultura requiere una planificación paciente y la voluntad de invertir tiempo y esfuerzo en un cultivo que desde el principio está oculto. ¿Qué persona impaciente guardaría la semilla de la cosecha anterior, prepararía la tierra, quitaría las malas hierbas alrededor de las plantas y esperaría durante meses una nueva cosecha?

En la Parábola de los Talentos, aprendemos a correr riesgos para hacer avanzar el Reino de Dios mientras esperamos pacientemente el regreso del Señor. Es poco probable que una persona temerosa corra riesgos por un resultado incierto y la tasa de rendimiento disminuye sustancialmente debido a su miedo. La abundante generosidad de Dios disipa nuestro miedo y nos permite prosperar en los tiempos buenos y malos.

En la parábola de las Diez Vírgenes vemos nuevamente la necesidad de planificar con paciencia cada contingencia. Se demuestra que la urgencia de nuestra paciente planificación es la clave para entrar en el banquete de bodas, una metáfora del cielo.

Cualquiera que haya ayudado a preparar una boda puede dar fe del afán y la necedad de unos jóvenes cargados de emociones. Incluso en períodos de absoluta espontaneidad, se nos advierte que planifiquemos con antelación.

La importancia de la paciencia y la planificación para el futuro en la fe sugiere por qué los cristianos siempre han valorado e invertido más en la educación que otros grupos.

Paciencia en la Iglesia Primitiva

Las lecciones sobre la paciencia jugaron un papel importante en la historia de la iglesia. Alan Kreider (2016, 1–2) observa:

> La paciencia no era una virtud apreciada por la mayoría de los grecorromanos y ha sido de poco interés para los estudiosos del cristianismo primitivo. Pero fue de fundamental importancia para los primeros cristianos, … Las fuentes rara vez indican que los primeros cristianos crecieron en número porque ganaban discusiones, sino que crecieron porque su comportamiento habitual (arraigado en la paciencia) era distintivo e intrigante. Sus habitos … les permitió abordar problemas insolubles que enfrentaba la gente común de maneras que ofrecían esperanza.

Piénselo. La clase alta de la sociedad romana era conocida, no por su paciencia, sino por sus orgías de borrachos. En una sociedad así, las personas que ofrecieran asistencia sobria y paciente a las víctimas de tales líderes se destacarían y ganarían admiración. Kreider (2016, 19) escribe:

> Cuando las personas buscan seguir a Cristo, según Orígenes, Dios las forma en personas que encarnan esta paciencia. Los seguidores de Cristo no tienen prisa; escuchan atentamente mientras se lee y predica la palabra, y pacientemente piden cuentas a los cristianos descarriados que asisten a los servicios de adoración de manera irregular. Los creyentes pacientes confían en Dios.

> Cuando son sometidos a disciplina penitencial, soportan con paciencia los juicios que se les hacen, cuando han sido depuestos con razón o sin ella.

La naturaleza de la adoración cristiana es generar paciencia y hábitos que mejoren la vida diaria.

Si bien la adoración puede impartir buenos hábitos, Donald Dayton (2005, 122-123) observó que los períodos de reavivamiento de la fe suelen ir seguidos de reveses, ya que «Los niños que crecen bajo tales restricciones las experimentan principalmente como factores que los alejan de sus compañeros y de la sociedad.» En el seminario, noté una marcada diferencia en la actitud de los hijos de predicadores y los hijos de misioneros: los hijos de los predicadores exhibieron la respuesta observada por Dayton, mientras que los hijos de los misioneros al presenciar más claramente el fruto de los sacrificios de sus padres y desarrollaron una fe fuerte y personal.

Retroceso Actual

Si modelar la paciencia de Dios es de beneficio personal inmediato, como lo demuestra la investigación asociada con la Prueba del Malvavisco, y de beneficio a largo plazo para la iglesia, como se argumenta en el estudio de Kreider sobre la iglesia primitiva, ¿por qué nuestra sociedad es tan negligente en la enseñanza de la disciplina personal a nuestros propios hijos? Este retroceso en la paciencia puede atribuirse a la influencia de los teléfonos móviles y la publicidad para promover compras sin sentido. O puede ser simplemente un subproducto de la falta de atención y de la priorización de otros objetivos por parte de los padres.

De una forma u otra, la impaciencia que hoy observamos habitualmente es claramente perjudicial para la vida espiritual y para el uso prudente de los recursos en la vida diaria.

Ejemplo de San Agustín

En lugar de terminar esta reflexión con una nota amarga, permítanme retroceder el tiempo hasta otro período en el que la impaciencia parecía rampante.

San Agustín vivió en el siglo IV en el norte de África y fue el modelo del craso libertinaje romano, según admitió él mismo cuando era joven. Agustín (Foley 2006, 10) se describe a sí mismo como un estudiante inicialmente perezoso que recibía frecuentes palizas, pero rápidamente se nos presenta a una piadosa Mónica, su madre, quien, al ver a su hijo involucrado en un comportamiento autodestructivo y pecaminoso, recurrió a una oración incesante. Agustín escribe:

> La madre de mi carne estaba en gran ansiedad, ya que con un corazón casto en tu fe estaba siempre en profundos dolores de parto por mi salvación eterna, y habría procedido sin demora a consagrarme y lavarme con el sacramento de la salvación. (Foley 2006, 12)

Aun así, resulta paradójico observar a uno de los grandes filósofos de la iglesia decir: «No me gustaba aprender y odiaba que me obligaran a hacerlo.» (Foley 2006, 13) Aunque Agustín fue educado en retórica, como los abogados de hoy, él mismo admitió que no se convirtió a la fe cristiana con argumentos, sino gracias a las pacientes oraciones de una madre devota, Mónica.

∞

Padre Amoroso,

Toda la gloria y el honor, el poder y el dominio, la verdad y la justicia son tuyos, porque nos creaste ex-nihilo, de la nada, y, cuando nos desviamos, pacientemente enviaste a tu hijo, Jesucristo, para rescatarnos de nuestro quebrantamiento y pecado, como la paciente oración de la madre de San Agustín, Mónica.

Perdona nuestra impaciencia, nuestra falta de voluntad para seguir tu ejemplo y nuestro constante reproche por las malas decisiones que hemos tomado.

Gracias por tus muchas bendiciones y tu paciente disponibilidad para ofrecernos luz en la noche de nuestra obstinada juventud.

En el poder de tu Espíritu Santo, vuelve nuestros corazones a tu ejemplo de paciencia. Quita las anteojeras de la juventud decaída y concédenos ojos que vean, oídos que oigan y manos que sirvan en medio de muchas dificultades.

En el precioso nombre de Jesús, Amén.

∞

Preguntas
1. ¿Cuáles de las parábolas de Jesús te recuerdan más en lo que respecta a la paciencia?
2. ¿Quién fue Agustín? ¿Quién era Mónica?
3. ¿Qué es la Prueba del Malvavisco? ¿Por qué nos importa?
4. ¿Qué dijo Alan Kreider que condujo al rápido crecimiento de la iglesia primitiva?

AMOR

El Buen Samaritano Revisitado

> Te ruego, oh SEÑOR, Dios del cielo, el grande y temible Dios,
> que guarda el pacto y la misericordia para con aquéllos
> que Lo aman y guardan Sus mandamientos .
> (Ne 1:5)

La cuarta característica de Dios en Éxodo 34:6 es el amor. La palabra hebrea hesed, significa: «Obligación para con la comunidad en relación con parientes, amigos, invitados, amo y sirvientes; unidad, solidaridad, lealtad.» (HOLL) Alternativamente, se puede traducir como «bondad, amabilidad» (BDAG 3279). Se desconoce el significado de la palabra griega usada para traducir hesed en la Septuaginta polueleos.

La palabra griega para amor agape en el Nuevo Testamento es la misma en los evangelios de Juan y Mateo, y significa: «Tener una cálida consideración e interés por otro, apreciar, tener afecto, amar.» (BDAG 38.1) La palabra hebrea traducida para amor agape es: ahabet (Gn 22:2), no hesed. De manera más general, el amor agape se distingue del amor romántico (eros) y fraternal (philos), porque el idioma griego tiene palabras separadas para cada uno. Debido a que el amor agape y el amor philos tienen un uso erótico en el Cantar de los Cantares (Ct 1:2–1:3), las diversas definiciones del amor causan confusión.

Amor Pactado

El contexto del pacto de Éxodo 34:6 deja claro que el amor hesed al que nos referimos aquí no es un amor agape genérico, sino un amor del pacto más específico centrado en cumplir las promesas (Hafemann 2007, 33). Honramos a Dios y a nuestro prójimo tratándolos con respeto y cumpliendo nuestra palabra, especialmente cuando duele. Cuando nos casamos, asumimos una relación de un corazón sincero, pero dependemos de nuestros cónyuges para cumplir sus promesas.

La imagen ética de Dios es un tema candente hoy en día debido a la tendencia de muchos pastores y cristianos a ver a Dios exclusivamente a través del lente del amor, como leemos repetidamente en los escritos del Apóstol Juan: «Quien no ama, no ama." No conocemos a Dios, porque Dios es amor.» (1 Jn 4:8) El mandamiento de Mateo del doble amor también se cita con frecuencia:

> Maestro, ¿cuál es el gran mandamiento de la ley? Y el le contestó: Ama al Señor tu Dios con todo tu corazón, y con toda tu alma, y con toda tu mente. Este es el gran y primer mandamiento. Y el segundo es similar a esto: Amarás a tu prójimo como a ti mismo. De estos dos mandamientos dependen toda la Ley y los Profetas. (Mt 22:36-40)

El amor ágape es menos útil para comprender el carácter de Dios debido al amplio alcance del uso del hebreo y el griego y a las definiciones descabelladas del amor que flotan en la cultura posmoderna (e.g. Rogers 2009, 52–65). La confusión sobre el significado del amor ya estaba presente en el siglo I, lo cual sabemos porque el Apóstol Pablo dedicó un capítulo entero a su definición en su carta a la iglesia de Corinto (1 Co 13), ciudad infama por la prostitución. No es necesario definir cuidadosamente una palabra cuando su uso es obvio.

En el Antiguo Testamento, Dios interactúa con su pueblo principalmente mediante el otorgamiento de pactos. Hafemann (2007, 21) escribe:

> La relación de Dios con el mundo y su pueblo no es una abstracción teórica ni es fundamentalmente una experiencia subjetiva. Más bien, con la historia de la salvación como marco, esta relación se expresa y define por los pactos interrelacionados que existen a lo largo de la historia de la redención.

Entre las muchas alusiones a la realización de pactos en la Biblia, ninguna es más detallada que el pacto con Moisés.

La Misericordia de Dios Precede a su Amor

Bonhoeffer (1976, 50) ofrece aquí una idea importante: "Nadie conoce a Dios a menos que Dios se le revele. Por eso nadie sabe qué es el amor excepto en la autorevelación de Dios. El amor, entonces, es la revelación de Dios."

El hecho de que la misericordia, no el amor, sea la primera característica de Dios refuerza la idea de que el amor requiere una interpretación más allá del amor agape que tantos aprecian. Cuando decimos que Jesús murió por nuestros pecados, experimentamos su amor por medio (o a través del instrumento de) su misericordia. El punto de que la misericordia es más primordial en el contexto bíblico que el amor también se refuerza en las Bienaventuranzas de Jesús: se menciona la misericordia; el amor no lo es (Mt 5:3-11). Cuando experimentamos el amor de Dios a través de su misericordia, el foco está en el amor que guarda el pacto (hesed), no en el amor agape.

El Buen Samaritano

Jesús introduce la parábola del buen samaritano en respuesta a la pregunta de un abogado sobre cómo heredar la vida eterna (Lc 10:25). Jesús le pide al abogado que responda su propia pregunta y el abogado cita el mandamiento del doble amor: «Amarás al Señor tu Dios con todo tu corazón y con toda tu alma y con todas tus fuerzas y con toda tu mente, y a tu prójimo. como a ti mismo.» (Lc 10:27) Jesús acepta esta respuesta, pero el abogado quiere saber más y pregunta: «¿Quién es mi prójimo?» (Lc 10:29)

Este contexto es importante porque la parábola aborda específicamente el problema de interpretar el amor de Dios. Cuando el samaritano se detiene para atender las heridas del hombre golpeado por los ladrones, es presumiblemente un ejemplo de ofrecer amor a un enemigo, porque se presume que el hombre golpeado era judío y los judíos odiaban a los samaritanos (Mt 5:43–46). Debido a que es probable que el samaritano todavía corra el riesgo de sufrir el mismo destino que el hombre golpeado (y no hay presunción de que el samaritano serviría como técnico médico de emergencia del primer siglo), la parábola tiene un matiz escatológico: es como las nubes se abren y vislumbramos brevemente el cielo mismo.

La parábola es más que una simple metáfora o símil porque se simbolizan grupos enteros de personas—ladrones, samaritanos, sacerdotes, levitas, posaderos—lo que hace que la parábola sea más bien una breve obra de teatro moral. De hecho, es un cumplimiento simbólico de la misión central de Jesús (Mt 15:24). Entonces, ¿cómo terminó? Jesús dijo:

> ¿Cuál de estos tres piensas tú que demostró ser prójimo del que cayó en manos de los salteadores? El intérprete de la ley respondió: El que tuvo misericordia de él. (Lc 10:36-37)

Aquí tenemos un eco de la historia de Caín y Abel (Gn 4), porque se puede considerar a los samaritanos y a los judíos como hermanos distanciados (1 R 12). Sin embargo, la parábola no termina con un asesinato sino con el reencuentro de los dos hermanos en el amor, como se logra a través de la misericordia.

∞

Padre Todopoderoso,

Toda la gloria y la honra, el poder y el dominio, la verdad y la justicia son tuyos, porque tú nos amaste primero, cuando aún éramos pecadores, enviaste a Cristo a morir por nosotros (Ro 5:8).

Perdona nuestros corazones endurecidos, nuestra falta de voluntad para amar como Jesús enseñó.

Gracias por las muchas bendiciones de esta vida: nuestras familias, nuestra salud, nuestro trabajo y los muchos beneficios de la tecnología moderna.

En el poder de tu Espíritu Santo, abre nuestros corazones, ilumina nuestros pensamientos, fortalece nuestras manos en tu servicio.

En el precioso nombre de Jesús, Amén.

∞

Preguntas
1. ¿Qué definición de amor tiene más sentido para ti?
2. ¿Qué es el amor hesed? ¿En qué se diferencia del amor agape?
3. ¿Cuándo contó Jesús la parábola del buen samaritano?
4. ¿Por qué la misericordia es un vehículo para experimentar el amor de Dios?
5. ¿Es amor enemigo otra palabra para misericordia?

Los Dos Hermanos

> *La suave respuesta aparta el furor,*
> *Pero la palabra hiriente hace subir la ira.*
> (Pr 15:1)

Jesús cuenta la historia de un hombre que tenía dos hijos, ninguno de los cuales amaba a su padre. El hijo menor se le acercó un día y le pidió su herencia en efectivo. Luego tomó el dinero, abandonó la ciudad y empezó a vivir con estilo en un país extranjero. Este estilo de vida imprudente no duró mucho y pronto el joven tuvo que conseguir un trabajo y tuvo que aceptar obra degradante. Cuando la mente del hijo comenzó a divagar, recordó su buena vida en casa y decidió rogarle a su padre que lo aceptara nuevamente como sirviente de la casa. Cuando el padre vio que su hijo venía, salió a su encuentro y lo abrazó. Cuando el hijo comenzó a disculparse por su horrible comportamiento, su padre no quiso escuchar nada. Tomó a su hijo, lo limpió y le compró ropa nueva (Gn 3:21). Posteriormente, organizó una fiesta para su hijo. Más tarde, cuando su hermano mayor llegó a casa y descubrió la fiesta, se puso celoso y empezó a portarse mal. Pero su padre le recordó: "Pero era necesario hacer fiesta y regocijarnos, porque éste, tu hermano, estaba muerto y ha vuelto a la vida; estaba perdido y ha sido hallado. (Lc 15:32)

La Parábola de los Dos Hermanos, a menudo llamada la Parábola del Hijo Pródigo, muestra a un joven atravesando una serie de desafíos— transiciones—que le permitieron ver a su padre con nuevos ojos y aceptar su ayuda. Sin estos desafíos, él—al igual que su hermano mayor—no habría podido cerrar la brecha entre él y su padre. Sin la aceptación de su padre, no habría podido regresar a casa.

Aquí vemos el amor del padre por su hijo como el catalizador de su crecimiento y madurez, un tipo de historia sobre la mayoría de edad. Los adolescentes rara vez crecen y maduran rápida o fácilmente. Muchos hoy en día experimentan con drogas, comportamientos sexuales exóticos y malas compañías. Aquellos que sobreviven a menudo resultan ser adultos funcionales, pero no todos sobreviven o encuentran la manera de superar estas tentaciones.

A diferencia del hermano menor, el hermano mayor permaneció enojado y estancado. No es capaz de amar a su hermano ni a su padre, un patrón que hoy podría describirse como codependencia. Podríamos especular que la ausencia del niño menor ayudó al padre a ir más allá de un estilo de crianza más estricto que obviamente no logró generar crecimiento en el hermano mayor.

Gracia como Amor

En la Parábola de los Dos Hermanos, el padre modela la gracia de Dios en dos arquetipos representados por los dos hijos. En ambos casos, el padre ofrece justicia restaurativa—gracia diseñada para permitir el crecimiento—donde podría haber impartido justicia penal si los hijos no hubieran tenido una relación.

El amor que Jesús destaca en la parábola es transformador porque permite la renovación de la relación y la oportunidad de crecimiento personal, que recuerda la petición de Dios a Abraham: «Vete de tu tierra, de entre tus parientes y de la casa de tu padre, a la tierra que Yo te mostraré.» (Gn 12:1) El crecimiento de las relaciones es un alejamiento radical de una sociedad tradicional que normalmente valora la lealtad en relaciones estáticas y bien definidas, no la independencia y el crecimiento en relaciones dinámicas.

En mi propia familia, históricamente se esperaba que los hijos sirvieran a sus padres en la granja hasta la mediana edad. Mi abuelo quería romper esta tradición asistiendo a la universidad y estudiando para ser pastor. Esta ambición no fue bien recibida, por lo que siguió a su padre a la agricultura, fuente de mucho resentimiento.

Una Interpretación Estructural

Craig Blomberg (2012, 197) clasifica las parábolas de Jesús por su estructura, no por su contenido. Comienza con un análisis de parábolas, como la Parábola de los Dos Hermanos, escribiendo:

> Muchas de las parábolas de Jesús tienen tres personajes principales. Muy frecuentemente, estos incluyen una figura de autoridad y dos subordinados contrastantes. La figura de autoridad, normalmente un rey o un amo, juzga entre los dos subordinados, quienes a su vez exhiben un comportamiento contrastante. Éstas han sido llamadas parábolas monárquicas.

Aquí la figura de autoridad es un padre quien tiene dos hijos. Blomberg (2012, 200–201) ve un punto para cada personaje:

1. Así como el pródigo siempre tuvo la opción de arrepentirse y regresar a casa, así también todos los pecadores, aunque sean malvados, pueden confesar sus pecados y volverse a Dios en contrición.
2. Así como el padre hizo todo lo posible para ofrecer

reconciliación al hijo pródigo, así también Dios ofrece a todas las personas, por indignas que sean, un generoso perdón de pecados si están dispuestas a aceptarlo.

3. Así como el hermano mayor no debería haber lamentado la reinstalación de su hermano, sino más bien regocijarse por ello, aquellos que dicen ser el pueblo de Dios deberían estar contentos y no enojados de que él extienda su gracia incluso a los más indignos.

El extraordinario amor del padre es inesperado, lo que deja entrever que la parábola es alegórica (Blomberg 2012, 204). Las parábolas de Jesús a menudo muestran un giro que se desvía sutilmente de las expectativas culturales del siglo I. El amor ofrecido por el padre también es incondicional, contrariamente a la tradición judía.

Debido a que crecer y abandonar el hogar implica muchas formas de pérdida que deben ser lamentadas, ese crecimiento es difícil en las mejores circunstancias (Mitchell y Anderson 1983, 51). Esto hace que el camino de fe de Abraham y el nuestro sea aún más notable en esta época en la que muchos han convertido el sustantivo adulto en verbo.

∞

Padre Todopoderoso,

Te alabamos por tu ejemplo de amor incondicional que nos permite crecer y realizar nuestro potencial, algo especialmente problemático en momentos en que tantas personas mueren prematuramente por causas prevenibles.

Perdona nuestros corazones obstinados, nuestros pensamientos distraídos y nuestras manos perezosas.

Gracias por el regalo de tu hijo, Jesucristo, quien vivió una vida sin pecado, murió en la cruz y resucitó de entre los muertos para expiar nuestros pecados y ofrecernos la salvación.

En el poder de tu Espíritu Santo, abre nuestros corazones, ilumina nuestras mentes y fortalece nuestras manos en tu servicio.

En el precioso nombre de Jesús, Amén.

∞

Preguntas
1. ¿Cómo puede el amor servir como catalizador del crecimiento?
2. ¿Qué tienen en común los dos hermanos? ¿Cómo cambia eso?
3. ¿Qué hace que esta historia sobre la mayoría de edad sea interesante hoy en día?
4. ¿Por qué el comportamiento del padre es contracultural?

Amigo a Medianoche

Levantándose, fue a su padre. Cuando todavía estaba lejos, su padre lo vio y sintió compasión por él, y corrió, se echó sobre su cuello y lo besó.
(Lc 15:20)

Un atributo de Dios revelado en la Parábola de los Dos Hermanos es la multiplicación. Cuando el hijo menor tomó un paso para confesar su pecado a este padre, el padre tomó muchos pasos para perdonarlo y expresar su amor.

No es una transacción quid-pro-quo. Esta generosidad abrumadora aparece a lo largo de las escrituras. Se ve especialmente en el Evangelio de Juan en la cantidad de vino producida en las bodas de Caná (Jn 2:6–10), en el pan multiplicado en la alimentación de los cinco mil (Jn 6:5–14), y en la pesca de los discípulos en Galilea (Jn 21:4–13). Dios no tacaño con su amor.

Amor de los Buscas

Un ejemplo contemporáneo del amor supergeneroso de Dios surge en el contexto de la negación de la fe. En la parábola de los dos hermanos de Jesús, al principio ninguno de los hermanos ama a su padre. El hermano menor odia tanto a su padre que exige su herencia mientras su padre aún esté vivo. El hermano mayor practica una forma de odio más insidiosa, pasivo-agresiva: finge amar a su padre mientras lo odia en secreto, lo que no deja ninguna puerta abierta a la reconciliación. Cuando el hermano menor regresa con su padre, abre la puerta a la reconciliación por su propia necesidad y vergüenza, pero sólo un poquito—Esto todavía no es amor. En el mejor de los casos, es una prueba del amor de su padre.

Vemos una prueba similar del amor de Dios en la apuesta de Pascal. Blaise Pascal (1623-1662), un matemático francés, utilizó la teoría de la probabilidad para argumentar que el argumento agnóstico es lógicamente falso porque la fe es una apuesta justa en la que las probabilidades favorecen la apuesta. Si Dios existe y crees, entonces ganas el cielo, pero si Dios no existe, no pierdes nada. En otras palabras, la fe en Dios tiene una recompensa positiva siempre que la probabilidad de que Dios exista sea un número positivo distinto de cero. Con fe en Dios, todos somos ganadores.

Apostar a que Dios existe ofrece mejores probabilidades que los juegos de azar organizados, donde las probabilidades favorecen a la casa. Las ganancias sustanciales obtenidas por las casas de juego y las loterías estatales indican una apuesta tonta, no una apuesta justa, que está diseñada para aprovecharse de la pobreza y la ignorancia de los adictos al juego, que están impacientes con la vida. Los economistas ven las loterías como un impuesto regresivo dirigido a los pobres, quienes a menudo creen que no tienen nada que perder. Es como el jefe sin escrúpulos que invita a los trabajadores de la construcción a tomar una cerveza y jugar al póquer los días de pago, sabiendo que cuando todos recuperen la sobriedad, él se quedará con sus cheques de pago. A diferencia de todo eso, con fe en Dios, todos salen ganando.

La apuesta de Pascal no engendra fe, pero lleva a tomarla en serio fuera del beneficio pecuniario—la posibilidad de ganar una apuesta. Si la fe es una apuesta justa, entonces la persona que considera la apuesta de Pascal debe preguntarse por qué. Dar el siguiente paso—hacer la apuesta—es un tipo de compromiso de fe de probar antes de comprar o fingir hasta lograrlo. En un mundo donde la fe en Dios es tratada como una tontería filosófica y descartada de plano, este pequeño paso define a uno como un buscador.

¿Crees que nuestro Dios generoso, conocido por su

amor abrumador, ignoraría a tal buscador? Por el contrario, la Parábola de los Dos Hermanos sugiere que Dios correrá a nuestro encuentro. En otros lugares leemos: «Pero Dios demuestra su amor para con nosotros, en que siendo aún pecadores, Cristo murió por nosotros.» (Ro 5:8)

El Amigo a Medianoche

La Parábola de los Dos Hermanos no es la única parábola de amor extraordinario de Jesús. Piensa en:

> También les dijo: Supongamos que uno de ustedes tiene un amigo, y va a él a medianoche y le dice: Amigo, préstame tres panes, porque un amigo mío ha llegado de viaje a mi casa, y no tengo nada que ofrecerle; y aquél, respondiendo desde adentro, le dice: No me molestes; la puerta ya está cerrada, y mis hijos y yo estamos acostados; no puedo levantarme para darte nada. Les digo que, aunque no se levante a darle algo por ser su amigo, no obstante, por su importunidad (insistencia) se levantará y le dará cuanto necesite. (Lc 11:5–8)

¿Qué es el amor? Amor es estar dispuesto a ayudar a un amigo sólo porque él lo pide, por muy inconveniente que sea.

Presencia como Amor

Jesús usa esta parábola para presentar una de sus declaraciones más famosas: «Así que Yo les digo: pidan, y se les dará; busquen, y hallarán; llamen, y se les abrirá. Porque todo el que pide, recibe; y el que busca, halla; y al que llama, se le abrirá.» (Lc 11:9–10) La invitación a pedir, buscar y llamar significa que con Dios siempre se tiene acceso. El acceso es amor limitado sólo por nuestra falta de voluntad de pedirlo en oración.

Una suposición tácita aquí es que Dios siempre está presente porque, de lo contrario, ¿cómo sabría que le preguntaste? Con Dios, nunca estamos solos. Muchas veces ignoramos la presencia de Dios con nosotros y subestimamos el ministerio de la presencia, que puede ser uno de los ministerios más difíciles de apreciar y comprender. Cuando superamos nuestra ignorancia, el ministerio de la presencia es un regalo invaluable que luego podemos extender a los demás.

∞

Padre Amoroso,

Toda la gloria y el honor, el poder y el dominio, la verdad y la justicia son tuyos, porque tú nos amaste primero y nos mostraste cómo es el amor cuando es más inconveniente.

Perdónanos por amar las cosas equivocadas y devolver el amor sólo cuando es conveniente, como el escalador social que sólo ama a los amigos que pueden hacerles un favor.

Gracias por el amor sacrificial de Cristo, quien nos amó lo suficiente como para morir por nosotros a pesar de que éramos desagradables, destrozados y egoístas, como el adolescente que solo quería el dinero de su padre.

En el poder de tu Espíritu Santo, vuelve nuestros corazones egoístas hacia ti y las cosas que amas. Que podamos ofrecer un ministerio de presencia a los necesitados y acudir a ti en nuestro propio dolor.

En el precioso nombre de Jesús y para tu gloria, Amén.

∞

Preguntas
1. ¿Qué es la multiplicación en el contexto de la Parábola de los Dos Hermanos?
2. ¿Qué es la apuesta de Pascal?
3. ¿Cómo amplía nuestra comprensión del amor de Dios la Parábola del Amigo de Medianoche?
4. ¿Qué es un ministerio de presencia?

Red de Arrastre

> *¿Qué hombre de ustedes, si tiene cien ovejas*
> *y una de ellas se pierde,*
> *no deja las noventa y nueve en el campo*
> *y va tras la que está perdida hasta que la halla?*
> (Lc 15:4)

Ningún estudio del amor en las parábolas está completo sin un examen de la Parábola de la Oveja Perdida. Si bien la parábola muestra claramente la gracia de Dios, como ya se mencionó, es difícil aislar esta gracia del amor hesed. Hay un vínculo implícito, un pacto de cuidado, entre un pastor y las ovejas—la propiedad implica cuidado. Incluso una superpotencia reconoce la obligación de proteger a sus aliados más débiles, como una madre cuida de su hijo o un pato de sus patitos.

Aun así, varios aspectos de la parábola de la oveja perdida son inquietantes en su presentación del amor, empezando por la palabra perdida. La palabra perdido, en griego apollymi (BDAG 958) puede significar: «1. causar o experimentar destrucción; 2. no obtener lo que se espera o anticipa, perder; o 3. perder algo que ya se tiene o separarse de una conexión normal, perder, estar perdido.» ¿Cómo se perdió esta oveja y quién es el responsable? ¿Por qué el pastor deja desatendidas a las otras noventa y nueve ovejas mientras busca a la oveja perdida? Parece que el valor que se da a la oveja perdida es imprudente, incluso temerario.

Cuando damos el siguiente paso y aplicamos esta parábola a los pecadores, se vuelve aún más incómoda. ¿Ama Dios a los pecadores más que a los fieles? Los justos parecen tener mal tratamiento en esta parábola. En realidad, la naturaleza audaz de esta parábola es el punto principal: Todos somos pecadores; ninguno es justo; todos están destituidos de la gloria de Dios. Esta parábola no tiene sentido sin la doctrina del pecado original (Sal 14). Los noventa y nueve justos son una ilusión: ninguno es justo (Lc 18:18–19). Todos somos ovejas perdidas. Blomberg (2012, 216) observa que muchos interpretan que «justo» implica más bien «auto-justo,» lo que habla de un problema de complacencia religiosa. Nadie quiere que lo vean perdido.

Red de Arrastre

La necesidad de vigilancia entre los fieles se ve reforzada por las numerosas parábolas que se centran en el juicio, como la Parábola de Red de Arrastre. Aquí leemos:

> El reino de los cielos también es semejante a una red barredera que se echó en el mar, y recogió peces de toda clase. Cuando se llenó, la sacaron a

la playa; y se sentaron y recogieron los peces buenos en canastas, pero echaron fuera los malos. Así será en el fin del mundo; los ángeles saldrán, y sacarán a los malos de entre los justos, y los arrojarán en el horno de fuego; allí será el llanto y el crujir de dientes. (Mt 13:47–50)

El juicio señala que es difícil para Dios amar honestamente a los buenos (los justos) si no odia a los malos (los malvados).

Este mundo dicotómico de peces buenos y malos que se muestra molesta a la mayoría de los cristianos hoy porque rechazan el pensamiento moralista. Para un judío del primer siglo, la imagen aquí es de personas justas que obedecen el pacto mosaico y de injustos que no lo hacen. En la parábola, la clasificación de lo bueno y lo malo la hacen inicialmente los pescadores, quienes se quedan con lo bueno y reciclan lo malo. Más tarde, estos pescadores son descritos como ángeles que arrojan al mal al horno de fuego sin decir qué será de los justos.

Es útil reformular aquí la imagen dicotómica como nuestra respuesta al dolor durante un momento de Getsemaní. Cuando enfrentamos un momento doloroso o una elección dolorosa, ¿Nos dirigimos a Dios y se lo entregamos o nos volvemos hacia el dolor y nos enfurruñamos? (Mt 26:39) Cuando habitualmente hacemos una u otra cosa, nuestra personalidad y nuestra cultura se forman y endurecen.

Lewis (1973, 10–11) describe el infierno como un lugar donde las personas eligen alejarse cada vez más. De la misma manera, el juicio sugerido por la Parábola de la Red de Arrastre es algo que nos imponemos a nosotros mismos, no algo impuesto por Dios.

Las buenas noticias son que Cristo murió por nuestros pecados para que nosotros no tengamos que hacerlo.

∞

Padre Todopoderoso,

Toda la gloria y el honor, el poder y el dominio, la verdad y la justicia son tuyos, porque Jesús vivió una vida sin pecado, murió en la cruz por nuestros pecados y resucitó de entre los muertos para que podamos tener la esperanza de la vida eterna. ¿En quién más creeremos?

Perdona nuestros pecados que nos acosan, aquellos que están tan cerca de nuestro corazón que los repetimos una y otra vez. Confesamos que amamos nuestros pecados y sólo podemos deshacernos de ellos con tu paciencia y ayuda. ¿En quién más creeremos?

Gracias por nuestras familias, nuestra salud, nuestros medios de sustento y nuestra salvación en ti. Gracias por la oportunidad de ministrar a otros y expandir tu santo reino. ¿En quién más creeremos?

En el poder de tu Espíritu Santo, concédenos la fuerza para vivir cada día, la gracia para dar testimonio a quienes nos rodean y la paz que sobrepasa todo entendimiento, tu shalom. Atráenos hacia ti: abre nuestros corazones, ilumina nuestros pensamientos y fortalece nuestras manos en tu servicio.

En el precioso nombre de Jesús, Amén.

∞

Preguntas
1. ¿Cuál es el pacto de cuidado entre el pastor y las ovejas?
2. ¿Qué significa a estar perdida?
3. ¿Qué tiene de extraño la Parábola de las Ovejas Perdida?
4. ¿Cómo se relaciona el juicio con el amor?
5. ¿Qué es un momento Getsemaní y por qué es especial?

Aplicando Amor

Reconoce, pues, que el SEÑOR tu Dios es Dios, el Dios fiel, que guarda su pacto y su misericordia hasta mil generaciones con aquéllos que lo aman y guardan sus mandamientos; pero al que lo odia, le da el pago en su misma cara, destruyéndolo; no se tarda en castigar al que lo odia, en su misma cara le dará el pago.
(Dt 7:9–10)

En las parábolas examinadas, comenzamos a ver que el amor de Dios tiene muchas facetas.

Jesús presenta la Parábola del Buen Samaritano para abordar el problema de interpretar el amor de Dios. Cuando el samaritano se detiene para atender las heridas del hombre golpeado por los ladrones, es un ejemplo de ofrecer amor a un enemigo, porque se presume que el hombre golpeado era judío y los judíos odiaban a los samaritanos (Mt 5:43–46). Más que esto, también hay un eco de la historia de Caín y Abel (Gn 4) en la parábola. Se puede considerar a los samaritanos y a los judíos como hermanos distanciados—los reinos del norte y del sur de Israel—que se han reunido en el amor (1 R 12). Así, la parábola describe el amor alegóricamente como la reconciliación del Reino Davídico, dividido durante mucho tiempo, bajo el paraguas del amor de Dios.

Si la parábola del buen samaritano muestra el amor

como un conducto hacia la reconciliación, la parábola de los dos hermanos muestra el amor como un catalizador para el crecimiento y la madurez de la adolescencia. Esta idea recuerda la petición de Dios a Abraham: «Vete de tu tierra, De entre tus parientes Y de la casa de tu padre, A la tierra que Yo te mostraré.» (Gn 12:1)

Esta realidad del amor de Dios se refleja en el dicho: A Dios no le importa tanto lo que haces sino la persona en la que te conviertes. Donde podríamos imaginar un contexto de justicia penal, Dios está más interesado en la justicia restaurativa que, como Jesús con la mujer sorprendida en adulterio, se centró prolépticamente en la persona que ella podría ser, no en la persona que había sido (Campbell 2010, 11–12).

En estas dos parábolas, el amor no es tanto una descripción estática de la adoración como una estrategia dinámica para el crecimiento, la reconciliación y la restauración. Además, el amor del padre por el hijo pródigo multiplica el amor que muestra el hijo. Este no es un amor transaccional entre dos narcisistas, sino un amor transformador que, como la parábola del amigo a medianoche y el amor enemigo, tiene un costo y nunca es conveniente.

Levantarse de la cama a medianoche para ofrecer hospitalidad a un prójimo necesitado nunca es conveniente.

El amor imprudente del Pastor por la oveja perdida es más significativo cuando nos damos cuenta de que todos somos ovejas perdidas. El mundo dicotómico de los peces buenos y malos ilustrado en la parábola de la draga resalta el costo de un amor tan imprudente y sirve para sacarnos de la complacencia. ¿Recurrimos a Dios en nuestro dolor o nos enfurruñamos en nuestro dolor? Con el tiempo, los momentos de Getsemaní pasan de una decisión a un hábito y a un estilo de vida que define la persona en la que nos convertimos y la cultura que engendramos. El amor imprudente de Dios es más que la amenaza de juicio que nos da una razón para volvernos a Dios en nuestro dolor.

En Cristo, el amor es un afecto de manos abiertas con la mirada puesta en el futuro y en la persona en la que nos convertimos.

∞

Bendito Señor Jesús,

Toda la gloria y el honor, el poder y el dominio, la verdad y la justicia son tuyos, porque pacientemente nos amaste, nos enseñaste la reconciliación, nos ofreciste restauración y nos protegiste a medida que crecíamos hasta la madurez.

Perdona nuestros corazones errantes, nuestros pensamientos desenfrenados, y nuestros deseos maliciosos. Confesamos que no merecemos tus afecciones.

Gracias por tu misericordia en la cruz, perdonando nuestros pecados mientras éramos indiferentes a ti y a quienes nos rodean.

En el poder de tu Espíritu Santo, atráenos hacia ti. Abre nuestros corazones, ilumina nuestros pensamientos y fortalece nuestras manos en tu servicio.

En el nombre del Padre, del Hijo y del Espíritu Santo, Amén.

∞

Pregunta
1. ¿Cuál es tu parábola favorita? ¿Por qué?
2. ¿Por qué la parábola del buen samaritano alude a hermanos distanciados? ¿Cuáles?
3. ¿Cómo puede el amor convertirse en catalizador del crecimiento y la reconciliación?
4. ¿Cuál es la diferencia entre el amor estático y el dinámico?

FE

La Roca

Yo soy el camino, la verdad y la vida;
nadie viene al padre sino por mí.
(Jn 14:6)

La quinta característica de Dios en Éxodo 34:6 es fiel, también traducida como veraz. La palabra hebrea emuth se traduce como firmeza, fidelidad, verdad (BDB 601). La palabra griega en la Septuaginta elemon significa «Preocuparse por las personas en necesidad, misericordioso, comprensivo, compasivo de Dios.» (BDAG 2487) Normalmente, podríamos describir a alguien como fiel a su palabra, especialmente cuando implica costos. La idea de que Dios mismo es la verdad impregna el testimonio bíblico.

El Gran Yo Soy

La imagen divina de Dios da estabilidad a nuestras vidas que no se puede obtener de ninguna otra manera. Cuando Dios se revela a Moisés en la zarza ardiente, Moisés le pregunta a Dios su nombre. Dios responda con una declaración enigmática: «Yo soy el que soy» (Ex 3:14). En el vernáculo, una paráfrasis podría ser: Soy el verdadero negocio.

Las matemáticas sugieren que deberíamos hacerlo. Houston Smith (2001, 89) parafrasea el teorema de incompletitud de Gödel con esta descripción:

> Su famoso teorema de incompletitud establece que en un sistema formal que satisface ciertas condiciones precisas, siempre habrá al menos una proposición indecidible, es decir, una proposición tal que ni ella ni su negación son demostrables dentro del sistema (Smith 2001, 89).

Dios proporciona la única suposición desde fuera del sistema cerrado de los universos que estabiliza todo el sistema. La existencia de un Dios implica que existe un conjunto de leyes físicas en todo el universo (y viceversa). Nuestra realidad está determinada por Dios y es evidente a través de la ley física.

Realidad Conocida

Si Dios define la verdad objetiva, que era el valor dominante en la era moderna, entonces el posmodernismo, que sostiene que hay múltiples verdades (por ejemplo, mi verdad, tu verdad), es inherentemente politeísta. La gente del siglo I fuera de Israel creía que los dioses eran territoriales. Podríamos anticipar que un mundo politeísta tendría leyes físicas fundamentalmente diferentes en diferentes territorios. En todos los lugares donde los científicos han estudiado, no se encuentran leyes físicas tan diferentes.

Las implicaciones del teorema de incompletitud de Gödel son de gran alcance. En psicología, por ejemplo, observamos que la fe en Dios sirve para estabilizar nuestra psiquis. La prevalencia de la ansiedad y la depresión en el período posmoderno puede ser simplemente un barómetro del alejamiento de la fe en esta generación.

La Roca

Este problema de no estar sincronizado con la realidad es, de hecho, una conclusión importante de la Parábola de los Dos Constructores que se encuentra en Mateo y Lucas:

> Todo el que viene a mí y oye mis palabras y las pone en práctica, les mostraré a quién es semejante: es semejante a un hombre que al edificar una casa, cavó hondo y echó cimiento sobre la roca; y cuando vino una inundación, el torrente dio con fuerza contra aquella casa, pero no pudo moverla porque había sido bien construida. Pero el que ha oído y no ha hecho nada, es semejante a un hombre que edificó una casa sobre tierra, sin echar cimiento; y el torrente dio con fuerza contra ella y al instante se desplomó, y fue grande la ruina de aquella casa. (Lc 6:47–49)

En lugar de centrarse en los constructores aquí, considere la roca. Los constructores pueden utilizar la roca para garantizar la estabilidad o ahorrar unos cuantos dólares al no hacerlo. La realidad de la roca no cambia si construyen o no sobre ella.

La roca es una analogía adecuada hoy en día, donde vemos videos todos los días de propiedades costeras erosionadas por el aumento del nivel del mar y edificios de apartamentos que se estrellan contra montones de polvo sacudidos por los terremotos. ¿Cómo deben responder hoy los constructores a estos obvios desafíos ecológicos?

Verdad Alegórica

Jesús, sin embargo, no cuenta la parábola de los dos constructores para dar consejos de construcción; es un símil, como lo deja explícito la primera frase: «Todo el que viene a mí y oye mis palabras y las pone en práctica, les mostraré a quién es semejante.» (Lc 6:47) La cuestión que se plantea aquí es acerca de la verdad. La necesidad de construir sobre un fundamento es una verdad concreta y práctica que es paralela a la verdad espiritual de Dios.

El argumento aquí es de menor a mayor, lo cual es necesario porque una entidad trascendente es inobservable. Un ejemplo posmoderno de trascendencia podría ser la tecnología de los teléfonos móviles, cuya función pasa desapercibida para los usuarios que no están formados en programación informática ni en ingeniería de estado sólido. En consecuencia, el teléfono móvil opera a través de procesos que trascienden la experiencia diaria.

Por lo tanto, la fe en Dios es contracultural y tiene el beneficio de preparar nuestras mentes para otros conceptos trascendentes, como las matemáticas y las ciencias, al menos de dos maneras. Primero, sabiendo que Dios creó el universo (y es un Dios de la verdad), esperamos que sea ordenado y digno de estudio científico. En segundo lugar, un estilo de vida disciplinado y un pensamiento alegórico en un ámbito hacen que sea más fácil aplicar los mismos talentos en otro campo de investigación, como la ciencia. Un politeísta materialista no albergaría tales predilecciones y, como consecuencia, sería menos probable que las personas de fe poblaran la comunidad científica.

∞

Espíritu de Verdad,

Todo el honor y la gloria, el poder y el dominio, la verdad y la justicia son tuyos, porque tú pones los cimientos de la tierra y del cielo, sostienes todas las cosas y nos muestras cómo honrar la belleza, la verdad y la justicia.

Perdónanos por nuestra negligencia hacia tu creación, las personas que nos rodean y tu iglesia.

Gracias por el regalo de las escrituras, tu presencia y las muchas bendiciones de esta vida.

En el poder de tu presencia, enséñanos tus caminos para que podamos compartirlos con las personas que nos rodean. Sé nuestra roca en medio de la tormenta.

En el precioso nombre de Jesús, Amén.

∞

Pregunta
1. ¿Cómo manifiesta Dios la verdad?
2. ¿Cuál es la fuente de estabilidad en nuestras vidas y en nuestro mundo?
3. ¿Por qué la sociedad posmoderna es inherentemente politeísta?
4. ¿De qué dos maneras la fe favorece la ciencia y la tecnología?
5. ¿Qué es la alegoría?

El Juez Calloso

Pilato Le preguntó: ¿Qué es la verdad?
(Jn 18:38)

La verdad se presenta de muchas formas, algunas de las cuales preferimos ignorar. El Libro de Job articula tres sistemas éticos que a menudo están en conflicto:

1. Uno es bueno si obedece la ley (ley).
2. Uno es inteligente cuando comprende cómo funciona realmente el mundo (sabiduría).
3. Uno sólo puede ser justificado mediante la intervención divina (gracia).

¿Qué es entonces la verdad? Pilato fue lo suficientemente inteligente como para hacer la pregunta, pero no tuvo el coraje de actuar según lo que sabía.

La Parábola del Juez Calloso

A veces los líderes hacen lo correcto por motivos equivocados, como lo ilustra Jesús en la Parábola del Juez Calloso:

> Jesús les contó una parábola para enseñarles que ellos debían orar en todo tiempo, y no desfallecer: Había en cierta ciudad un juez que ni temía a Dios ni respetaba a hombre alguno. También había en aquella ciudad una viuda, la cual venía a él constantemente, diciendo: Hágame usted justicia de mi adversario. Por algún tiempo el juez no quiso, pero después dijo para sí: Aunque ni temo

a Dios, ni respeto a hombre alguno, sin embargo, porque esta viuda me molesta, le haré justicia; no sea que por venir continuamente me agote la paciencia. El Señor dijo: Escuchen lo que dijo el juez injusto. ¿Y no hará Dios justicia a sus escogidos, que claman a el día y noche? ¿Se tardará mucho en responderles? Les digo que pronto les hará justicia. No obstante, cuando el Hijo del Hombre venga, ¿Hallará fe en la tierra? (Lc 18:1–8)

Es interesante que Jesús relacione esta historia de motivaciones en conflicto con la fe. Con demasiada frecuencia nos encontramos luchando con múltiples motivaciones. En la parábola, el juez actúa en nombre de la viuda, no porque sea lo correcto según la ley, sino porque quiere que ella deje de regañar. Es en beneficio propio, no en el de ella, lo que le impulsa a actuar.

El Dilema Ético

Las motivaciones e incluso los principios a menudo entran en tensión entre sí.

Bonhoeffer (1976, 367) cita este ejemplo:

Un profesor pregunta a un niño delante de la clase si es cierto que su padre suele llegar borracho a casa. Es cierto, pero el niño lo niega. La pregunta del profesor le ha colocado en una situación para la que aún no está preparado. Sólo siente que lo que está ocurriendo es una intromisión injustificada en el orden de la familia y que debe oponerse a ello.

En el ejemplo de Bonhoeffer, el estudiante se presentó con un dilema ético y debe decidir entre los mandamientos a decir la verdad (Ex 20:16) y a honrar tu padres (Ex 20:12). ¿Cómo decides qué mandamiento es más importante?

De manera más general, los Diez Mandamientos proporcionan principios teológicos que describen el buen y el mal comportamiento. Es útil distinguir los principios buenos y malos de las acciones correctas e incorrectas (Johnson y Zerbi 1973, 12). En el ejemplo de Bonhoeffer, es bueno que el estudiante diga la verdad y honre a sus padres, pero está mal que el maestro plantee la pregunta sobre el comportamiento de borracho del padre (y avergonzar públicamente al estudiante) y está mal que el estudiante verifique en público.

Problema del Agente Principal

La Parábola del Juez Calloso y la historia de Bonhoeffer son ambos ejemplos de un problema del agente principal, que surge cuando un líder toma decisiones organizacionales basadas en beneficios personales más que en beneficios organizacionales. En el ejemplo de Bonhoeffer, supongamos que el profesor es un sádico que obtiene placer atormentando a sus alumnos. Al poner al alumno en aprietos para que verifique la embriaguez del padre en público, el profesor obtiene un placer sádico a riesgo de exponer la escuela a una posible demanda por parte de la familia del alumno. Al hacerlo, los intereses del profesor y los intereses de la escuela se desvían, lo que demuestra el problema del agente principal.

El acoso sexual, la pedofilia, la aceptación de sobornos y el liderazgo narcisista son manifestaciones potenciales del problema del agente principal. En el contexto posmoderno, una característica distintiva de una organización amoral es que el liderazgo persigue los problemas de los agentes principales mientras, en general, evita las fallas morales de los miembros y líderes.

En un mundo de motivaciones contradictorias e información incompleta, la ley y la sabiduría mundana son insuficientes. La intervención del Espíritu Santo sigue siendo nuestra única opción. En la Parábola del Juez Calloso, nos encontramos a un Dios que desea ser parte de nuestra vida diaria.

∞

Padre Todopoderoso,

Toda alabanza y honor, poder y dominio, verdad y justicia son tuyos, porque tú nos enseñas a honrar la ley, a ser conscientes del mundo y a aconsejarnos cuando la sabiduría y el conocimiento nos fallan.

Confesamos que sólo tú eres el Señor. Nada sucede sin su permiso, pero somos groseros, impertinentes y demasiado rápidos para juzgar a los demás. Perdona nuestros corazones endurecidos y nuestras mentes obstinadas.

Te damos gracias porque estás dispuesto a pasar por alto nuestras deficiencias, enseñarnos y guiarnos a donde debemos ir.

En el poder de tu Espíritu Santo, aviva nuestra conciencia para que no pequemos. Recuérdanos tu ley, enséñanos acerca de los caminos del mundo y guíanos incluso cuando nos desviamos con demasiada facilidad.

En el precioso nombre de Jesús, Amén.

∞

Preguntas
1. ¿Cuáles son los tres sistemas éticos que se encuentran en el Libro de Job?
2. ¿Qué es un problema de agente principal y por qué nos importa?
3. ¿Cuál es la lección de la Parábola del Juez Calloso?
4. ¿Qué significa tener múltiples motivaciones?
5. ¿Qué es un dilema ético?

El Fariseo y El Recaudador de Impuestos

En el principio Dios creó los cielos y la tierra.
(Gn 1:1)

Dos palabras de importancia teológica para comprender a Dios son trascendentes e inmanentes. Decir que Dios es trascendente significa que está por encima o fuera del universo que creó. Normalmente atribuimos trascendencia a Dios Padre por su papel en la creación. Así como un carpintero no forma parte del gabinete que construye, Dios está fuera del universo porque él lo creó. Por el contrario, cuando llamamos a Jesús Emmanuel – Dios con nosotros, como significa su nombre en hebreo– estamos resaltando su inmanencia.

¿Alguna vez te has preguntado cómo escucha Dios nuestras oraciones? Si Dios Padre es trascendente y Jesús es inmanente, simplemente no está frente a nosotros, ¿Cómo sabe Dios lo que estamos orando, especialmente cuando no pronunciamos las palabras? Siempre he visto esto como un papel del Espíritu Santo, Dios dentro de nosotros. El Espíritu Santo es el poder de Dios que nos sostiene y provee, nos concede dones espirituales y escucha nuestras oraciones. Como leemos: «Y el Espíritu de Dios se movía sobre la superficie de las aguas.» (Gn 1:2) Flotar requiere tiempo y energía, al igual que su teléfono requiere electricidad.

La Parábola del Fariseo y El Recaudador de Impuestos

La Parábola del Fariseo y El Recaudador de Impuestos, discutido anteriormente, muestra a dos fieles en el templo orando. Normalmente se considera a Dios Padre como el objeto de su oración, pero esta parábola incluye un observador, Jesucristo, que nos interpreta la parábola. Es el mismo Cristo quien nos advierte: «Porque todo el que se engrandece será humillado, pero el que se humilla será engrandecido.» (Lc 18:14)

El tipo de humildad a la que se refiere esta parábola es la de la autorreflexión. Una persona autoreflexiva es aquella que está abierta a aprender de su propia experiencia. Solía decirles a mis hijos que hay tres tipos de personas en este mundo: Las que nunca aprenden, las que aprenden de sus propios errores y las que aprenden de los errores de otras personas. Si bien la parábola parece centrarse en este segundo tipo de alumno, en general es cierto que las personas que oran están abiertas a aprender de Dios, lo que implica que Jesús no descarta el tercer tipo de alumno.

De manera más general, en esta parábola, somos testigos del atributo de accesibilidad de Dios. Dios es accesible en la oración (a través del Espíritu Santo) y es accesible a través de Jesucristo por medio de sus parábolas. Esta accesibilidad no está limitada por la forma de orar, pero es mejor ser humilde que alabarse a sí mismo si se quiere ser justificado. Aquí en esta parábola vemos a un Dios que actúa como juez tanto de nuestras acciones como de nuestras oraciones.

Justificación ante Dios

El término griego clave en esta parábola dikaio significa: "Emprender una causa legal, mostrar justicia, hacer justicia, emprender una causa." (BDAG 2005). Justificar es un término legal como se usa en Lucas 18:14. La idea aquí es que una persona humilde y autorreflexiva tiene más probabilidades de estar bien con Dios que alguien lleno de sí mismo.

Más normalmente, evitamos una interpretación estrictamente legal de nuestra relación con Dios y preferimos ser llamados hijos de Dios, lo que sugiere una relación más íntima. Pero los niños pueden ser obedientes o desobedientes. Quizás una mejor manera de verlo es decir que nos relacionamos con Dios en múltiples niveles, dependiendo de las circunstancias. La buena noticia es que, independientemente de las circunstancias, seguimos siendo miembros de la familia de Dios.

∞

Bendito Señor Jesús,

Toda alabanza y honor, poder y dominio, verdad y justicia son tuyos porque siempre estás disponible y escuchas nuestras oraciones.

Confesamos que no siempre estamos plenamente presentes para quienes nos rodean. Nuestras mentes vagan y vagamos por la vida sin propósito ni honor.

Gracias por las muchas bendiciones de esta vida, las que son obvias y las que solo descubrimos con el paso del tiempo.

En el poder de tu Espíritu Santo, crea en nosotros un corazón limpio y un espíritu recto para que podamos estar plenamente presentes y compartir tu presencia con quienes nos rodean.

En el nombre del Padre, del Hijo y del Espíritu Santo, Amén.

∞

Preguntas
1. ¿Cuál es la diferencia entre trascendencia e inmanencia?

2. ¿Cómo responde Dios a tus oraciones?
3. ¿Qué significa para ti la humildad?
4. ¿Qué significa estar disponible?
5. ¿Te sientes justificado ante Dios? ¿Cómo y por qué?

El Médico

Esta será la ley del leproso en los días de su purificación. Será llevado al sacerdote.
(Lv 14:2)

La naturaleza de la verdad y la fidelidad adquiere un nivel de importancia completamente nuevo cuando hay vidas en juego.

Aunque uno puede orar por casi cualquier cosa, nuestras mentes a menudo se fijan en situaciones médicas cuando alguien pregunta si alguien necesita oración. Cuando se trata de condiciones médicas, nos sentimos vulnerables, solos y, muchas veces, desesperados.

El Gran Medico

Jesús es mejor conocido como un sanador tanto del cuerpo como del espíritu. Incluso los críticos más acérrimos de Jesús admiten que fue un exorcista, lo cual parece extraño porque a continuación esos mismos críticos negarán la existencia de demonios que puedan ser exorcizados (Sanders 1993, 15). ¿Cómo puede Jesús exorcizar demonios que no existen? Aún más extraño, en este mundo materialista donde la gente niega la existencia de Dios, estos mismos materialistas parecen obsesionados con lo demoníaco, si las películas de Hollywood sirven de guía para las percepciones públicas. La existencia del mundo espiritual parece revelar una división entre los pensamientos y sentimientos de muchas personas.

El sacerdote católico romano Francis MacNutt señaló cuatro tipos de oración curativa:

1. Arrepentimiento del pecado (curación espiritual),
2. Sanación emocional (o relacional),
3. Curación física, y
4. Deliverencia (curación de la opresión espiritual) (MacNutt 2009, 130).

En el Nuevo Testamento, vemos a Jesús sanando a personas en cada una de estas categorías. Jesús podría fácilmente describirse como el primer médico misionero.

Conexión Espiritual con las Dolencias

Vivimos en una época en la que la relación espiritual con los problemas médicos es más obvia porque las principales causas de muerte se pueden prevenir. Las enfermedades y afecciones prevenibles apuntan a un problema espiritual porque lo único que se interpone entre la afección y el tratamiento es una decisión. El suicidio, las sobredosis de drogas, la obesidad y la negativa a vacunarse son las principales causas de muerte en Estados Unidos hoy en día, hasta el punto de que la esperanza de vida ha ido disminuyendo en los últimos años.

No es ninguna vergüenza visitar a un médico en este mundo materialista, pero no me digan que necesito ver a un pastor o a un sacerdote, no estoy loco, se dice la gente. Curiosamente, Carl Jung (1955, 31), un alumno de Sigmund Freud, describió al psiquiatra como un sacerdote de una religión secular. La consejería en este marco sirve como confesionario en esta nueva religión donde el paciente confiesa sus pecados y el consejero luego prescribe los pasos a seguir para recibir la absolución. Jung apoyó esta interpretación de la psiquiatría de Freud y señaló que Freud utilizó numerosos mitos especulativos para respaldar sus teorías, como su teoría de la envidia del pene.

Parábola del Médico

Una de las parábolas más breves de Jesús parece no ser más que una frase declarativa: «Los que están sanos no tienen necesidad de médico, sino los que están enfermos.» (Mt 9:12) Esta parábola es uno de los proverbios de Jesús, que en hebreo es un tipo de parábola. La misma frase aparece en Mateo, Marcus, y Lucas, aunque en contextos diferentes.

La frase aparece como un doblete en Marcus: «Los

que están sanos no tienen necesidad de médico, sino los que están enfermos; no he venido a llamar a justos, sino a pecadores.» (Mc 2:17) Un doblete hebreo es una expresión poética donde la declaración principal se repite con diferentes palabras en la segunda. Por tanto, Jesús equipara el pecado con la enfermedad. Este paralelo es interesante porque el Apóstol Pablo dijo la famosa frase: «Porque la paga del pecado es muerte.» (Ro 6:23) Si el pecado es la causa de la enfermedad y la muerte, entonces los médicos están efectivamente llamados a tratar nuestro pecado, al igual que los pastores y sacerdotes.

La versión de Mateo de esta parábola inserta una frase que no se encuentra en Marcos ni en Lucas: «Pero vayan, y aprendan lo que significa: Misericordia quiero y no sacrificio; porque no he venido a llamar a justos, sino a pecadores.» (Mt 9:13) La misericordia es una de las Bienaventuranzas en Mateo 5 y es el primer atributo de Dios mencionado en Éxodo 34:6.

∞

Gran Médico,

Toda alabanza y gloria, poder y dominio, verdad y justicia son tuyas, porque tú sanas nuestras enfermedades sin cita ni costo. Sólo pides que tengamos fe.

Queremos tus regalos sin compromiso, sin pensamiento, sin dedicar nuestro corazón a lo que nuestros ojos ven cada día. Perdona nuestras actitudes materialistas y nuestra vida injusta.

Gracias por el don del perdón que Jesús hizo posible en la cruz. Gracias por los muchos huevos de Pascua, las bendiciones que nos has dado con la ciencia, como las delicias que escondemos donde sabemos que nuestros hijos las encontrarán.

En el poder de tu Espíritu Santo, vuelve a ti nuestra mirada para que nuestro corazón te siga. Sana nuestras vidas enfermas de pecado para que nuestros cuerpos y mentes también puedan ser sanados.

En el precioso nombre de Jesús, Amén.

∞

Preguntas
1. ¿Cuál es el enfoque más común de oración?
2. ¿Por qué una cosmovisión materialista está en desacuerdo con nuestro bienestar espiritual?
3. ¿Cuáles son los cuatro tipos de curación?
4. ¿Cómo se relacionan los problemas médicos con nuestra condición espiritual?

Aplicando Fe
Ahora bien, la fe es la certeza (sustancia) de lo que se espera, la convicción (demostración) de lo que no se ve.
(Hb 11:1)

En las parábolas examinadas, comenzamos a ver la naturaleza de la fidelidad y la verdad de Dios. La quinta característica de Dios en Éxodo 34:6 es fiel, también traducida como veraz. A menudo, en las Escrituras, la fidelidad y la veracidad de Dios se asumen, no se describen, lo que también se aplica a las parábolas.

Parábolas de Verdad y Fidelidad

La imagen divina de Dios da estabilidad a nuestras vidas que no se puede obtener de ninguna otra manera. En la Parábola de los Dos Constructores, Dios es la roca sobre la cual nuestros cimientos están asegurados. La roca de nuestra salvación es una metáfora tanto de un estilo de vida disciplinado como del estudio científico. Alegóricamente, también es un símbolo de fe. Sin esa roca, ninguno de los frutos de tal estabilidad es posible.

En la Parábola del Juez Calloso, se nos aconseja estudiar la sabiduría del mundo. El conocimiento del mundo es parte de la verdad de Dios. Prestar atención al problema del agente principal, reconocer lo que motiva incluso a las personas malas, puede ofender nuestra sensibilidad, pero no debe descuidarse mientras atendemos fielmente a nuestro papel como administradores de nuestro tiempo, recursos y personas bajo nuestro cuidado.

La Parábola del Fariseo y El Recaudador de Impuestos nos recuerda que Dios es a la vez trascendente (el objeto de nuestras oraciones) e inmanente (capaz de escuchar nuestras oraciones). Aunque Dios está más allá de nuestra comprensión, nos ama lo suficiente como para permanecer siempre disponible. Ya sea que seamos fieles o traviesos, por la fe seguimos siendo parte de la familia de Dios.

Parábola del Médico toma la forma de un proverbio y simplemente describe el papel del médico en la curación de los enfermos. Es una declaración brillante de lo obvio: Proverbio simple; verdad profunda. Sin embargo, los médicos suelen atender más a los caprichos de los ricos que a las enfermedades de los pobres y enfermos. Además, Jesús usa este proverbio alegóricamente para describir su papel como rabino y médico misionero.

Aquí vemos a Jesús destacando el principal problema del agente que aflige a los líderes religiosos. Al igual que el médico que actúa como médico personal de los ricos, los líderes religiosos suelen pasar más tiempo con los clientes que pagan que con aquellos que necesitan su atención. Este problema probablemente describe la impaciencia y el desprecio de Jesús por los líderes religiosos, pero es igualmente cierto en el caso de los consejeros y psicólogos de hoy. La Parábola del Médico es una de las más conmovedoras de Jesús y, debido a su brevedad, una de las más olvidadas entre los comentaristas.

Problema de la Verdad

Más que otros atributos de Dios descritos en Éxodo 34:6, es difícil encontrar ejemplos de parábolas dirigidas específicamente a la veracidad y la fidelidad. Más a menudo observamos lecciones sobre la verdad y la fe a partir del contexto y la estructura de las parábolas. La pregunta de Pilato—¿Qué es la verdad?—no es simplemente un comentario descartable (Jn 18:38). Cuando decimos que Dios es verdad, reconocemos el enigma en el corazón del concepto.

∞

Dios de todas las Maravillosas y la Verdad,

Toda alabanza y honor, poder y dominio, verdad y justicia son tuyos, porque honras la verdad y fielmente te pones a nuestra disposición en nuestra hora de necesidad.

Confesamos que es más probable que estemos distraídos cuando deberíamos estar disponibles. Incluso cuando nos ponemos la ropa de un pastor y la bata de médico, tenemos problemas para estar plenamente presentes con aquellos necesitados a quienes presumiblemente servimos.

Gracias por el ejemplo de Jesús de Nazaret y la presencia del Espíritu Santo que nos da dirección y nos da la esperanza de que podemos cumplir más fielmente con nuestros deberes como cristianos en un mundo caído y dar verdadero testimonio a quienes nos rodean.

En el poder de tu Espíritu Santo, permítenos utilizar los dones que nos has dado.

En el precioso nombre de Jesús, Amén.

∞

Preguntas
1. ¿Qué parábolas te hablan más claramente de la fidelidad y la verdad de Dios?
2. ¿Qué tiene de especial el contexto y la estructura de las parábolas de Jesús?
3. ¿Cuál es el significado de la roca de nuestra salvación?
4. ¿Por qué es particularmente significativa la Parábola del Médico?

CONCLUSIONES

Quien Dios No Es

Maestro, dile a mi hermano que divida la herencia conmigo.
¡Hombre! le dijo Jesús,
¿Quién Me ha puesto por juez o árbitro sobre ustedes?"
(Lc 12:13–14)

*L*as parábolas no siempre nos dicen lo que queremos oír ni explican las cosas claramente. Nos atraen y nos obligan a confrontar nuestras propias motivaciones y relaciones, particularmente con Dios, a través de historias sobre nuestras propias vidas.

También proporcionan información sobre quién no es Dios.

Las cosas que no describen a Dios surgen directamente de sus características. Un Dios misericordioso no es caprichoso. Un Dios misericordioso no encuentra faltas en la forma en que Satanás nos calumnia, se burla y engaña. Estas observaciones son obvias, pero es útil revisarlos debido a las muchas distorsiones que flotan alrededor.

Cuando la gente intenta torcer la imagen de Dios para sus propios fines, debemos discernir lo que se está haciendo. No todo el mundo lee la Biblia con atención y con buenas intenciones. En el Jardín del Edén, Satanás tergiversa las palabras de Dios al tentar a Eva: ¿Conque Dios les ha dicho: No comerán de ningún árbol del huerto? (Gn

3:1) Nuevamente, cuando Satanás tienta a Jesús en el desierto, cita erróneamente las escrituras tres veces y Jesús lo corrige (Lc 4:3–13). No deberíamos sorprendernos cuando esto suceda en nuestras propias vidas.

Hermanos en Conflicto

En Lucas 12, Jesús es puesto en aprietos por dos hermanos que discuten sobre su herencia. No se nos cuentan los detalles de la disputa, pero como puede decirle cualquiera que haya tenido que lidiar con cuestiones de herencia, estas disputas suelen ser animadas y dolorosas. Quién recibe qué y cuánto afecta profundamente la calidad de las relaciones con padres y hermanos en un momento en que el duelo aún está fresco. Este tipo de disputas pueden desgarrar a las familias y dividirlas durante décadas.

Jesús sabiamente se niega a verse arrastrado a la disputa del hermano, porque no quiere avanzar el conflicto. El Libro del Génesis relata una serie de disputas fraternales, como los celos de Caín por la mejor relación de su hermano Abel con Dios (Gn 4:3–8). En los casos de Isaac e Ismael (Gn 21:10), Jacob y Esaú (Gn 25:29–34), y José y sus hermanos (Gn 37:3), las disputas familiares giraron específicamente en torno a los derechos de primogenitura, la herencia y el liderazgo de sucesión. La división de la Nación de Israel en los Reinos del Norte y del Sur, a menudo representados como hermanos enfrentados, ocurrió después de la muerte de Salomón y su hijo, Roboam, lo sucedió y se le pidió que redujera los impuestos (1 R 12). Los impuestos, como la herencia, son una cuestión de dinero.

Parábola del Rico

En respuesta a la disputa de los dos hermanos por su herencia, Jesús cuenta una historia:

> Entonces les contó una parábola: La tierra de cierto hombre rico había producido mucho. Y él pensaba dentro de sí: ¿Qué haré, ya que no tengo dónde almacenar mis cosechas? Entonces dijo: Esto haré: derribaré mis graneros y edificaré otros más grandes, y allí almacenaré todo mi grano y mis bienes. Y diré a mi alma: alma, tienes muchos bienes depositados para muchos años; descansa, come, bebe, diviértete. Pero Dios le dijo: ¡Necio! Esta misma noche te reclaman el alma; y ahora, ¿Para quién será lo que has provisto? Así es el que acumula tesoro para sí, y no es rico para con Dios. (Lc 12:16–21)

Esta parábola podría describir fácilmente la serie habitual de acontecimientos que conducen a la jubilación. El problema es que la jubilación no es un concepto cristiano: simplemente tenemos más oportunidades de elegir cómo empleamos nuestro tiempo.

En mi caso, espero pasar más tiempo con mis nietos del que tuve con mis hijos.

La Parábola del Rico se hace eco de Eclesiastés: «El que guarda el mandato real no experimenta ningún mal; Porque el corazón del sabio conoce el tiempo y el modo de hacerlo.» (Ec 8:5) Sin embargo, una cosa es practicar el descanso sabático y otra es evitar a Dios y simple disfrutar de una vida tranquila (Hb 4). En un mundo donde los niños mueren de hambre, la pereza es una abominación y la riqueza conlleva responsabilidad.

Dios no es un Facilitador

Es irónico que Jesús se niegue a juzgar entre los dos hermanos, porque creemos que Cristo algún día nos juzgará a todos (Ap 21:27). Al negarse a servir como juez entre los dos hermanos, Jesús se niega a facilitar su comportamiento codicioso. Si pensamos en esta decisión alegóricamente, Dios no quiere permitir conflictos, ya sea entre hermanos, equipos deportivos o países.

Cuando el pueblo de Israel salió de Egipto, por miedo se negaron a confiar en Dios y entrar a la Tierra Prometida. Luego Dios los maldijo a permanecer en el desierto otros cuarenta años, tiempo suficiente para que todos los desobedientes murieran.

Dios proporciona el descanso sabático, pero no facilita la desobediencia (Hb 4). Dios es como buenos padres que educan y van de vacaciones con sus hijos, pero no los rescata cuando se portan mal y se meten en problemas. Dios no es un facilitador.

∞

Señor del Sábado,

Toda alabanza y gloria, poder y dominio, verdad y justicia son tuyos, porque te preocupas por nosotros de una manera que nunca te pediríamos, pero sin la cual no podemos vivir.

Perdona nuestra pereza, nuestra falta de voluntad para compartir, nuestra avaricia y arrogancia. Danos actitudes felices y manos abiertas para frenar nuestras debilidades y orgullo.

Gracias por las parábolas de Jesús que nos enseñan sobre ti para que podamos parecernos más a ti día a día.

En el poder de tu Espíritu Santo, guíanos a través de todas las etapas de la vida con igual alegría y fidelidad.

En el precioso nombre de Jesús, Amén.

Preguntas
1. ¿Cuáles son los atributos de Dios? ¿Cómo no es Dios?
2. ¿Por qué Jesús se niega a arbitrar entre los dos hermanos?
3. ¿Qué ejemplos bíblicos puedes dar de hermanos en conflicto?
4. En tu opinión, ¿Qué enseña la Parábola del Rico?
5. ¿Qué es un facilitador?

Imagen de Dios

> *Así que Yo les digo: pidan, y se les dará; busquen, y hallarán; llamen, y se les abrirá. Porque todo el que pide, recibe; y el que busca, halla; y al que llama, se le abrirá.*
> (Lc 11:9–10)

¿Cuál es la imagen de Dios representada en las parábolas de Jesús? Si bien la Biblia deja claro que Dios no escatima en su amor, el amor no es su única característica. Dios revela a Moisés como: «El SEÑOR, Dios compasivo y clemente, lento para la ira y abundante en misericordia y verdad (fidelidad).» (Ex 34:6) Estas cinco características podrían compararse matemáticamente con una figura de cinco dimensiones, sin limitarse a las cuatro dimensiones —alto, ancho, profundidad y tiempo— que describen el universo que habitamos.

La trascendencia de Dios funciona como esta quinta dimensión y es más compleja de lo que muchos imaginan. Dios habita una dimensión más allá de la nuestra que nos abre a ver el mundo con nuevos ojos. Por eso nunca podremos comprender plenamente a Dios, pero él nos invita a intentarlo. Cuando lo hacemos, las formas que nos llevan a él, como las parábolas y la adoración, ya no nos limitan. Simplemente nos lanzan a esta nueva dimensión disponible sólo a través de la fe.

Misericordia

La naturaleza de la misericordia de Dios se aclara en varias parábolas.

En el Buen Samaritano aprendemos que la misericordia requiere una reacción visceral: Nuestros corazones se inclinan hacia la misericordia más que nuestras cabezas. Dios está involucrado emocionalmente en nuestras vidas y nuestra salvación. En El Siervo Inclemente, encontramos que nuestro perdón viene con la obligación de extender misericordia a quienes pecan contra nosotros.

En la Higuera Estéril, aprendemos que la paciencia de Dios tiene límites. Un buen corazón necesita ser cultivado. Este cultivo lleva toda la vida, por lo que no se debe retrasar. En El Publicano y el Fariseo, encontramos un Dios soberano que favorece a los creyentes humildes.

Si bien la palabra hebrea para misericordia solo se usa para describir a Dios, las parábolas de Jesús describen las características de Dios dentro de un contexto humano.

Gracia

La naturaleza de la gracia de Dios se muestra en varias parábolas.

Si bien la gracia de Dios es una bendición inmerecida, la Parábola de Jesús sobre el Tesoro Escondido sugiere que nuestra respuesta a la gracia es importante (Mt 13:44).

Una bendición llena de gracia es de poca utilidad si la escondemos y no la utilizamos.

Responder a la gracia de Dios es importante para comprender la Parábola de la Oveja Perdida. Es más probable que encuentren a las ovejas perdidas si escuchan la voz del pastor.

En la Parábola del Médico y los Enfermos, Jesús trata bondadosamente el pecado como una enfermedad (Lc 5:31–32). Esta reimaginación del pecado elimina la culpa, la vergüenza y la maldición del pecado para sanar nuestros corazones y nuestras relaciones.

La Parábola de Lázaro y el Rico en Lucas 16 muestra gracia en la vida y en el más allá.

La culpa del hombre rico es que no dio gracias a Dios por sus bendiciones en esta vida y luego no se preparó para la otra vida.

En cada una de estas parábolas, Dios usa la gracia estratégicamente para animarnos, guiarnos y hacernos crecer en el contexto de la relación, como en la Parábola de los Dos Hijos (Lc 15:11–32).

Paciencia

La importancia de la paciencia de Dios es obvia de varios parábolas.

En la Parábola de los Dos Constructores, encontramos la paciencia asociada con la buena planificación y la mano de obra experta. Asimismo, en la Parábola del Sembrador vemos que la agricultura requiere una planificación paciente y la voluntad de invertir tiempo y esfuerzo en un cultivo que está oculto desde el principio.

En la Parábola de los Talentos, aprendemos a correr riesgos para hacer avanzar el Reino de Dios mientras esperamos pacientemente el regreso del Señor. En la Parábola de las Diez Vírgenes vemos nuevamente la necesidad de planificar con paciencia cada contingencia.

La importancia de la paciencia y la planificación para el futuro en la fe sugiere por qué los cristianos siempre han valorado e invertido más en la educación que otros grupos.

Amor

El amor de Dios tiene muchas facetas que son el foco de varias parábolas.

Jesús presenta la Parábola del Buen Samaritano como un ejemplo de cómo ofrecer amor a un enemigo (Mt 5:43–46). La parábola describe el amor alegóricamente como la reconciliación del Reino Davídico, dividido durante mucho tiempo, bajo el paraguas del amor de Dios.

Si la Parábola del Buen Samaritano presenta el amor como un conducto hacia la reconciliación, la Parábola de los Dos Hermanos muestra el amor como un catalizador para el crecimiento y la madurez de la adolescencia. Este es un contexto que recuerda la petición de Dios a Abraham: «Vete de tu tierra, de entre tus parientes y de la casa de tu padre, a la tierra que yo te mostraré.» (Gn 12:1)

En estas dos parábolas, el amor no es tanto una descripción estática de la adoración como una estrategia dinámica para el crecimiento, la reconciliación y la restauración.

El amor imprudente del pastor por la oveja perdida es más significativo cuando nos damos cuenta de que todos somos ovejas perdidas. El pez ilustrado en la Parábola de la Red de Arrastre resalta el costo de un amor tan imprudente y sirve para sacarnos de la complacencia.

En Cristo, el amor es un afecto de manos abiertas y

con la vista puesta en el futuro.

Fe

La imagen divina de Dios da estabilidad a nuestras vidas que no se puede obtener de otra manera. En la Parábola de los Dos Constructores, Dios es la roca sobre la cual nuestros cimientos están asegurados. La roca de nuestra salvación es una metáfora tanto de un estilo de vida disciplinado como del estudio científico. En la Parábola del Juez calloso, se nos aconseja estudiar la sabiduría del mundo.

La Parábola del Fariseo y el Recaudador de Impuestos nos recuerda que Dios es a la vez trascendente (el objeto de nuestras oraciones) e inmanente (capaz de escuchar nuestras oraciones). Aunque Dios está más allá de nuestra comprensión, nos ama lo suficiente como para estar siempre disponible.

La Parábola del Médico toma la forma de un proverbio y simplemente describe el papel del médico en la curación de los enfermos.

Los Buscadores Encuentran

Las parábolas de Jesús revelan un Dios que está intencionalmente disponible para quienes lo buscan. Las parábolas invitan al oyente a entrar en la narrativa y relacionarse con Dios uno a uno para ampliar nuestra comprensión de la fe. Mi profesor de Antiguo Testamento, que estudió poesía, describió las escrituras en general como lacónicas y ofrecía descripciones con un número reducido de palabras (Niehaus 2019, 97).

Las historias lacónicas disparan nuestra imaginación a medida que completamos los detalles faltantes con nuestras propias experiencias, como el marido y la mujer que constantemente completan las frases del otro. Las parábolas ejercen esta magia lacónica mejor que cualquier otra parte de las escrituras, señalándonos a nuestro Dios trascendente de nuevas maneras con cada lectura adicional. Aun así, no sorprende que no podamos resumir fácilmente las características de Dios con una parábola o una síntesis de varias.

∞

Señor Todopoderoso y Soberano,

Toda alabanza y honor, poder y dominio, verdad y justicia son tuyos, porque compartes con nosotros todos los aspectos de tu carácter y nos llevas a reflejarlos.

Perdónanos cuando nos obsesionamos con un atributo de tu carácter y descuidamos los demás en el intento de moldearte a nuestra imagen cuando deberíamos modelar la tuya.

Gracias por no renunciar a nosotros en nuestras debilidades y pecados.

En el poder de tu Espíritu Santo, concédenos la fuerza para reflejar tu imagen más de cerca, la gracia de extender tu imagen a los demás y la paz que sobrepasa todo entendimiento.

En el precioso nombre de Jesús, Amén.

∞

Preguntas
1. ¿Por qué es útil Éxodo 34:6 para comprender las parábolas de Jesús?
2. ¿Cuál es tu parábola favorita y por qué?
3. ¿Por qué es tan complejo el carácter de Dios?
4. ¿Qué significa lacónico? ¿Por qué es útil pensar en las parábolas?

INDICES

Antiguo Testamento

Génesis
1~~~~~~~~~~~~~~~~~ 93
1:1, 1.2~~~~~~~~~~~~~ 164
1:3–4~~~~~~~~~~~~~~ 36
1:27 ix,~~~~~~~~~~~~~36
3:1~~~~~~~~~~~~~~~ 181
3:6~~~~~~~~~~~~~~~~ 47
3:21~~~~~~~~~~~~~~ 130
4~~~~~~~~~~~~~~~~ 147
4:3–5~~~~~~~~~~~~~~~46
4:3–8~~~~~~~~~~~~~~182
4:6–7~~~~~~~~~~~~~~~43
4:12~~~~~~~~~~~~~~~ 43
4:15~~~~~~~~~~~~~~~ 43
7~~~~~~~~~~~~~~~~~ 93
9:6~~~~~~~~~~~~~~~~43
12:1~~~~~~~~132, 148, 191
18:17–18~~~~~~~~~~~~54
18:23~~~~~~~~~~~~~~ 54
19:1~~~~~~~~~~~~~~~91
21:10~~~~~~~~~~~~~~182
22:2~~~~~~~~~~~~~~ 123
25:29–34~~~~~~~~~~~~182
37:3~~~~~~~~~~~~~~ 182

Éxodo
3:14~~~~~~~~~~~~~~ 153
4:21~~~~~~~~~~~~~~~ 16
20~~~~~~~~~~~~~~~~109
20:12~~~~~~~~~~~~~~161
20:16~~~~~~~~~~~~~~161
22:22~~~~~~~~~~~~~~ 62
34:6~~~~~~vii, x, 6, 16, 17,

(Éxodo continuó)
34:6……27, 29, 32, 38, 55, 61, 91, 123, 124, 153, 174, 176, 187, 194
34:7~~~~~~~~~~~~~~~47
34:29~~~~~~~~~~~~~~~6

Levítico
14:2~~~~~~~~~~~~~~169

Números
12:6–8~~~~~~~~~~~~~109
20:12~~~~~~~~~~~~~ 14

Deuteronomy
7:9–10~~~~~~~~~~~~~147
21:20–21~~~~~~~~~~~~81
28~~~~~~~~~~~~~~~109

2 Samuel
7…………………………109
12:1–7………………… 13

1 Reyes
12…………… 128, 147, 183
17……………………… 6

Nehemias
1:5………………… 123

Salmos
14………………… 49, 143
78:2………………… 14
86:15…………………ix
90:12………………… 101

(Salmos continuó)
23............ 4
78............ 14

Proverbios
1:7............ 19, 92
14:29............91
15:1............130

Eclesiastés
Ec 8:5 184

Cantar de los Cantares
Ct 1:2–1:3 123

Isaíah
Is 36:1 37, 55

Jeremíah
Jr 31:29–30 47

Ezequiel
17:2; 24:3............ 14
34............ 4
34:5–6............5

Joel
2:13............ ix

Jonás
1:1–2............55
1:2............37
3:10............ 38
3:10, 4:1............ 56
4:2............ ix, x, 38

Nuevo Testamento

Mateo
3:8............ 40, 42
5............ 35, 172
5:3–11............126
5:7............ 32, 52
5:43–46......... 127, 147, 191
6:14–15............34
7:20............ 40
9:5............73
9:12............171
9:12–13............73
9:13............172
12-13............ 9
12–13............ ix
13:3–9............ 96
13:3–23............96
13:13............ 5
13:19–23............ 97
13:24–30............ 99
13:44............ 61, 84, 189
13:45–46............ 64
13:47–50............144
15:24............ 127
18:23–27............ 35
18:27............38
18:31–35............ 36
20:1............ 10
20:1-2............8
22:36-40............124
24............ 107
24:6–7............108
24:36-40............ 67
24:44............ 107
24:44–46............108
25............ 17, 101

(Mateo continuó)
25:1............................110
25:14–15.....................101
25:14–29.....................104
25:21........................... 102
25:24–25.....................102
25:27........................... 102
26:1–2..........................103
26:39........................... 144
28:28–30..................... 36

Marcus
2:7...............................74
2:9...............................73
2:17........................ 73, 172
3:1–6............................76
4:3–20......................... 96
4:35–36.........................67
5:5.................................67
5:19.........................66, 68
5:20............................ 68
6:27...............................9
13................................ 107
13:33........................... 101

Lucas
4:3–13..........................182
5:23............................. 73
5:24............................. 74
5:31–32............... 73, 85, 189
5:32............................. 74
6:36............................. 27
6:43–44..........................40
6:47..............................156
6:47–49..................92, 155
7:12–15..........................62
8:5–15......................... 96

(Lucas continuó)
8:11........................... 97
8:15........................... 96
10:25......................... 126
10:27......................... 127
10:29....................29, 127
10:33..........................28
10:36..........................29
10:36-37....................128
10:37..........................28
11:5–8.......................139
11:9–10............... 140, 187
11:30...........................ix
12............................. 182
12:13–14....................181
12:16–21....................183
12:35......................... 101
13:6–9....................... 41
15:4........................3, 142
15:4–7...................... 69
15:11...... 32 22, 81, 85, 190
15:20................ 81, 136
15:32........................ 131
16:13.................... 78, 79
16:19–20................... 78
16:22–23.................... 79
16:29..........................79
17:12–19.................... 70
17:14..........................84
17:14–16.................... 70
18:1–8.......................160
18:9–14........................49
18:14................ 165, 166
18:18–19....................143

Indices – 197

Juan
2............................ 104
2:6–10................. 36, 136
6............................. 104
6:5–14................. 36, 136
7:1............................. 4
10.............................. 4
10:4........................... 70
10:14......................4, 84
10:22.......................... 4
14:6.........................153
14:17.........................20
18:38................. 159, 176
21........................... 104
21:4–13................36, 136

Romanos
1:25.......................... 20
5:6–8.........................87
5:7–8.........................34
5:8......................84, 139
6:23.........................172
8:38–39.................... 105
9:13.......................... 27
9:15.......................... 27

1 Corintios
13........................... 125
15:3.......................... 47
15:20-28......................x

Gálatas
5:19–21......................40
5:22.........................111
5:22–23......................40

Hebreos
4......................... 184, 185
11:1.........................174
12:2........................... x

Santiago
2:13.......................... 32
5:7............................41
5:8........................... 113

1 Pedro
1:3–5.........................32

2 Pedro
2:2............................20

1 Juan
1:1–3.........................20
4:6-8.........................20
4:8........................... 124

Apocalipsis
11:18.........................56
19:7.........................111
21:27....................... 184

REFERENCIAS

Bauer, Walter (BDAG).[1] 2000. *A Greek-English Lexicon of the New Testament and Other Early Christian Literature.* 3rd ed. ed. de Frederick W. Danker. Chicago: University of Chicago Press. <BibleWorks. v .9.>.

BibleWorks. 2015. Norfolk, VA: BibleWorks, LLC. <BibleWorks v.10>.

Blomberg, Craig L. 2012. *Interpreting the Parables.* Downers Grove: IVP Academic.

Bonhoeffer, Dietrich. 1976. *Ethics* (Orig Pub 1955) Edited by Eberhard Bethge. Translated by Neville Horton Smith. New York: MacMillan Publishers Company, Inc.

Bonhoeffer, Dietrich. 1995. *The Cost of Discipleship* (Orig Pub 1937). Translated by R. H. Fuller and Irmgard Booth. New York: Simon & Schuster—A Touchstone Book.

Brown-Driver-Briggs-Gesenius (BDB).[2] 1905. *Hebrew-English Lexicon*, unabridged.

Campbell, William P. 2010. *Turning Controversy into Church*

---

[1] Mis referencias a BDAG están tomadas del producto de software BibleWorks, versión 10.

[2] Mis referencias a BDB están tomadas del producto de software BibleWorks, versión 10.

Ministry: A Christlike Response to Homosexuality. Grand Rapids: Zondervan.

Dayton, Donald W. 2005. *Discovering An Evangelical Heritage* (Orig. Pub. 1976). Peabody: Hendrickson.

Dikkers, Scott. 2018. *How to Write Funny: Your Serious Step-by-Step Blueprint for Creating Incredibly, Iresistibly Successful Hilarious Writing*. Book 1. https://HowToWriteFunny.com.

Elliott, Matthew A. 2006. *Faithful Feelings: Rethinking Emotion in the New Testament*. Grand Rapids: Kregel Academic and Professional.

Enns, Gaylord. 2022. *Love Revolution: Rediscovering the Lost Command of Jesus*. Chico, CA: Love Revolution Press.

Ferguson, Sinclair B. 1996. *The Holy Spirit*. Downers Grove: InverVarsity Press.

Finney, Charles. 1999. *The Spirit-Filled Life* (Orig pub 1845–1861). New Kensington, PA: Whitaker House.

Foley, Michael P. [editor] 2006. *Augustine Confessions* (Orig Pub 397 AD). 2nd Edition. Translated by F. J. Sheed (1942). Indianapolis: Hackett Publishing Company, Inc.

Galli, Mark and Ted Olsen. 2000. *131 Christians Everyone Should Know*. Nashville: Broadman & Holman Publishers.

Georges, Jayson. 2017. *The 3-D Gospel: Ministry in Guilt, Shame, and Fear Cultures*. Time Press.

Hafemann, Scott J. 2007. "The Covenant Relationship." pp 20–65 of *Central Themes in Biblical Theology: Mapping Unity in Diversity*. Edited by Scott J. Hafemann and Paul R. House. Grand Rapids: Baker Academic.

Hart, David Bentley. 2009. *Atheist Delusions: The Christian Revolution and Its Fashionable Enemies*. New Haven: Yale University Press.

Holladay, W. L. [ed] (HOLL). 1997. *A Concise Hebrew and Aramaic Lexicon of the Old Testament*. Based upon the Lexical Work of Ludwig Koehler and Walter Baumgartner. Boston: Brill Academic Publishers.

Howard, Evan B. 2018. *A Guide to Christian Spiritual Formation: How Scripture, Spirit, Community, and Mission Shape Our Souls*. Grand Rapids: Baker Academic.

Johnson, Glenn L. and Lewis K. Zerby. 1973. *What Economists Do About Values: Case Studies of Their Answers to Questions They Don't Dare Ask*. East Lansing: Michigan State University.

Jung, Carl G. 1955. *Modern Man in Search of a Soul* (Orig Pub 1933). Translated by W.S. Dell and Cary F. Baynes. New York: Harcourt, Inc.

Keener, Craig S. 2009. *The Gospel of Matthew: A Socio-Rhetorical Commentary*. Grand Rapids: Eerdmans.

Kissenger, Warren S. 1979. *The Parables of Jesus: A History of Interpretation and Bibliography*. Metuchen, NJ: Scarcrow Press, Inc. and American Theological Library Association.

Kreeft, Peter. 2007. *The Philosophy of Jesus*. South Bend, IN: Saint Augustine Press.

Kreider, Alan. 2016. *The Patient Ferment of the Early Church*. Grand Rapids: Baker Academic.

Ladd, George Eldon. 1991. *A Theology of the New Testament* (Orig pub 1974). Grand Rapids: Eerdmans

Lewis, C.S. 1973. *The Great Divorce: A Dream*. (Orig Pub 1946). New York: HarperOne.

Longfield, Bradley J. 1991. *The Presbyterian Controversy: Fundamentalists, Modernists, and Moderates.* New York: Oxford University Press.

MacNutt, Francis. 2009. *Healing* (Orig Pub 1974). Notre Dame: Ave Maria Press.

McDonald, Suzanne. 2010. *Re-Imaging Election: Divine Election as Representing God to Others & Others to God.* Grand Rapids: Eerdmans.

Metaxas, Eric. 2014. *Miracles: What They Are, Why They Happen, and How They Can Change Your Life.* New York: Dutton.

Mischel, Walter. 2014. *The Marshmallow Test: Measuring Self-Control.* New York: Little, Brown, and Company.

Mitchell, Kenneth R. and Herbert Anderson. 1983. *All Our Losses; All Our Griefs: Resources for Pastoral Care.* Louisville: Westminster John Knox Press.

Niehaus, Jeffrey J. 2019. *God the Poet: Exploring the Origins and Nature of Poetry.* (Kindle) Bellingham, WA: Lexham Press.

Placher, William C. 1989. *Unapologetic Theology: A Christian Voice in a Pluralistic Conversation.* Louisville: Westminster John Knox Press.

Plantinga, Alvin. 2000. *Warranted Christian Belief.* New York: Oxford University Press.

Rogers, Jack. 2009. *Jesus, The Bible, and Homosexuality: Explode the Myths, Heal the Church.* Louisville: Westminster John Knox Press.

Sanders, E.P. 1993. *The Historical Figure of Jesus.* New York: Penguin Books.

Schlossberg, Herbert. 1990. *Idols for Destruction: The Conflict of Christian Faith and American Culture.* Wheaton: Crossway Books.

Smith, Houston. 2001. *Why Religion Matters: The Fate of the Human Spirit in an Age of Disbelief.* San Francisco: Harper.

Yancy, Philip. 1997. *What's So Amazing about Grace?* Grand Rapids: Zondervan.

SOBRE EL AUTOR

El autor Stephen W. Hiemstra vive en Centreville, Virginia, con Maryam, su esposa durante más de cuarenta años. Tienen tres hijos adultos. Tienen dos hijas y un hijo.

Stephen trabajó como economista durante veintisiete años en más de cinco agencias federales, donde publicó numerosos estudios gubernamentales, artículos de revistas y reseñas de libros. Consulte WorldCat.org para obtener una lista completa de los volúmenes disponibles en una biblioteca cercana.

Stephen ha publicado una serie de espiritualidad cristiana de seis libros. Escribió su primer libro, *A Christian Guide to Spirituality*, en 2014. En 2016, escribió un segundo libro, *Life in Tension*. En 2017, publicó sus memorias, *Called Along the Way*. En 2019 publicó *Simple Faith*. En 2020 publicó *Living in Christ*. Su sexto libro, *Image and Illumination*, se publicó en 2023.

En 2023, empieza su Imagen de Dios series con la publicación de *Image of God in the Parables* y *Image of the Holy Spirit and the Church*. *Image of God in the Person of Jesus* (2024) completa estas series.

Dos libros de su serie de espiritualidad cristiana están disponibles en español: *Una Guía Cristiana a la Espiritualidad* (2015) y *Vida en Tensión* (2021). También publicó su primer libro en alemán: *Ein Christlicher Leitfaden zur Spiritualität* (2022).

En 2021, publicó su primera novela, *Masquerade*, y la reescribió como guión bajo el título: *Brandishing the Blue*. En 2023 publicó una secuela, *The Detour*, y la adaptó como guión. En 2024 publicó otra secuela, *Christmas in Havana*, que también ha sido adaptada como guión.

Stephen publicó su primer libro de tapa dura, *Everyday Prayers for Everyday People*, en 2018. También publicó un libro recopilatorio de libros electrónicos, *Spiritual Trilogy*, ese año.

Stephen tiene una Maestría en Divinidad (MDiv, 2013) de *Gordon-Conwell Theological Seminary* en Charlotte, Carolina del Norte. Su doctorado (Ph.D., 1985) es en economía agrícola de *Michigan State University*. Estudió en Puerto Rico y en Alemania y habla español y alemán.

Corresponda con Stephen en T2Pneuma@gmail.com o siga su blog en http://www.T2Pneuma.net.

Si disfrutó *Imagen de Dios en las Parábolas*, publique

una reseña en línea.

www.ingramcontent.com/pod-product-compliance
Lightning Source LLC
Chambersburg PA
CBHW070134080526
44586CB00015B/1692